聚焦三农：农业与农村经济发展系列研究（丛书名）

中国柑橘市场预警研究

汪晓银　祁春节　著

科　学　出　版　社

北　京

内 容 简 介

本书首先建立了中国柑橘市场预警指标体系，提出了核心层、辅助层和制约层的三层指标体系共 33 个指标变量以及 9 个子模型，构建了一个相互依存相互制约的系统。接着，筛选出了影响供给量、国内鲜果消费量、进口量、出口量、销售价、进口价、出口价、加工价的影响因素，构建了中国柑橘市场预警理论模型。最后对模型进行了实证分析，研究了 4 个代表性问题，得出研究结论并提出对策建议。

本书可作为从事农产品风险管理、经济预警等研究工作的学者及高等院校相关专业师生的参考书籍，也可作为从事农产品生产、销售工作指导的政策决策者的参考书籍。

图书在版编目（CIP）数据

中国柑橘市场预警研究／汪晓银，祁春节著 . —北京：科学出版社，2015. 8（2017. 3 重印）

（聚焦三农：农业与农村经济发展系列研究：典藏版）

ISBN 978-7-03-045566-6

Ⅰ . ①中…　Ⅱ . ①汪…②祁…　Ⅲ . ①柑桔类–农产品市场–市场分析–中国　Ⅳ . ①F323. 7

中国版本图书馆 CIP 数据核字（2015）第 203295 号

责任编辑：林　剑／责任校对：彭　涛
责任印制：徐晓晨／封面设计：耕者工作室

科学出版社 出版
北京东黄城根北街 16 号
邮政编码：100717
http://www.sciencep.com

北京京华虎彩印刷有限公司 印刷
科学出版社发行　各地新华书店经销

*

2015 年 8 月第　一　版　开本：720×1000　B5
2015 年 8 月第一次印刷　印张：11 1/4
2017 年 3 月印　　刷　字数：250 000

定价：88.00 元

总　序

农业是国民经济中最重要的产业部门，其经济管理问题错综复杂。农业经济管理学科肩负着研究农业经济管理发展规律并寻求解决方略的责任和使命，在众多的学科中具有相对独立而特殊的作用和地位。

华中农业大学农业经济管理学科是国家重点学科，挂靠在华中农业大学经济管理学院和土地管理学院。长期以来，学科点坚持以学科建设为龙头，以人才培养为根本，以科学研究和服务于农业经济发展为己任，紧紧围绕农民、农业和农村发展中出现的重点、热点和难点问题开展理论与实践研究，21世纪以来，先后承担完成国家自然科学基金项目23项，国家哲学社会科学基金项目23项，产出了一大批优秀的研究成果，获得省部级以上优秀科研成果奖励35项，丰富了我国农业经济理论，并为农业和农村经济发展作出了贡献。

近年来，学科点加大了资源整合力度，进一步凝练了学科方向，集中围绕"农业经济理论与政策"、"农产品贸易与营销"、"土地资源与经济"和"农业产业与农村发展"等研究领域开展了系统和深入的研究，尤其是将农业经济理论与农民、农业和农村实际紧密联系，开展跨学科交叉研究。依托挂靠在经济管理学院和土地管理学院的国家现代农业柑橘产业技术体系产业经济功能研究室、国家现代农业油菜产业技术体系产业经济功能研究室、国家现代农业大宗蔬菜产业技术体系产业经济功能研究室和国家现代农业食用菌产业技术体系产业经济功能研究室四个国家现代农业产业技术体系产业经济功能研究室，形成了较为稳定的产业经济研究团队和研究特色。

为了更好地总结和展示我们在农业经济管理领域的研究成果，出版了这套农业经济管理国家重点学科《农业与农村经济发展系列研究》丛书。丛书当中既包含宏观经济政策分析的研究，也包含产业、企业、市场和区域等微观层面的研究。其中，一部分是国家自然科学基金和国家哲学社会科学基金项目的结题成果，一部分是区域经济或产业经济发展的研究报告，还有一部分是青年学者的理论探索，每一本著作都倾注了作者的心血。

本丛书的出版，一是希望能为本学科的发展奉献一份绵薄之力；二是希望求教于农业经济管理学科同行，以使本学科的研究更加规范；三是对作者辛勤工作的肯定，同时也是对关心和支持本学科发展的各级领导和同行的感谢。

李崇光

2010 年 4 月

前　言

中国柑橘历经 20 多年的发展和规划，已经在中国长江以南的湖北、湖南、福建、广东、四川、江西等 20 个省（直辖市）建立了柑橘生产基地，形成了赣南、桂北、湘南、长江上中游 4 条优势柑橘带。加入 WTO 以后，中国柑橘产业在生产、消费、进出口贸易、加工和储藏等多个方面均取得长足的发展。2011 年中国柑橘产量为 2944.04 万吨，柑橘种植面积达 228.83 万公顷，均居世界第一位；柑橘鲜果出口量也达到了 90 万多吨，柑橘罐头出口位居世界第一。柑橘加工量也有一定的发展，不少柑橘产区建立了冷藏、清洗、打蜡、包装和罐头橙汁加工的工厂。柑橘产业已经成为了中国国民经济的重要力量，为农民增收脱贫发挥着重要的作用。

然而，在高速发展的同时，中国柑橘产业也面临着一系列的问题。在经过柑橘科研者的长期努力后，目前在柑橘产区，柑橘品种选育、栽培管理、病虫害防治已经不再是柑橘生产的主要困难，主要困难已经转变为销售困难和增收困难。柑橘价格长期剧烈波动且实际价格不增反降，并且生产投资不断上涨、劳动力日益紧缺、柑橘品牌鱼目混珠、生产利润不断下降。

中国柑橘产业的规模是不是发展得过大了？中国柑橘需求量是不是有些不足？中国柑橘市场是否稳定？未来的发展态势又将如何？这些问题开始引起了柑橘学术界和产业界的注意和思考。本书正是基于这些思考，运用经济预期理论和局部调整模型，建立了中国柑橘市场预警模型，探寻中国柑橘产业发展中存在的问题，为柑橘产业的良性发展献计献策。

本书的研究成果有以下几点：

（1）中国柑橘市场预警指标体系的建立和模型的架构。在回顾中国柑橘产业的发展历史以及农产品市场预警的研究动态之后，结合农产品预警理论的一般要求，构建了中国柑橘市场预警指标体系和模型框架；提出了核心层、辅助层和制约层的三层指标体系共 33 个指标变量。指标涉及柑橘生产、需求、价格等多个方面，包含了柑橘供应、柑橘国内鲜果消费、进口、出口、柑橘价格等柑橘产业本身的变量，也包含了整个社会发展的宏观变量，例如市场化、城镇化、交通状况、人民币汇率、世界经济环境、是否加入 WTO 等。

（2）中国柑橘市场预警理论模型的构建。运用经济学相关理论、经济预期理论和局部调整模型，选用对数线性模型推导出了带有残差信息的 9 个子模型的表达形式。为了解决这 9 个子模型中残差变量的经济信息，收集、统计并整理了指标体系里 33 个变量的数据。运用斯皮尔曼等级相关系数及经济规律，筛选出影响柑橘供给量、柑橘国内鲜果消费量、柑橘进口量、柑橘出口量、柑橘销售价格、柑橘进口价格、柑橘出口价格、柑橘加工价格的影响因素。由于每个模型残差信息中带有的变量较多，考虑到模型拟合样本量不足以及模型中会存在严重的多重共线的情况，本书将主成分分析综合变量的方法引入到模型之中，对前面构造的理论模型进行了修正。

（3）中国柑橘市场预警实证模型的建立与应用。运用联立方程三阶段估计的方法，对整个模型进行了参数估计，结果发现，柑橘供给量模型的拟合精度在 97% 以上，柑橘国内鲜果消费量模型的拟合精度也在 93% 以上，其余模型的拟合精度均超过了 80%，整个模型的拟合达到了预期的效果。运用模型研究了在收入增长条件下中国柑橘最大需求量的估计、控制种植面积情况下中国柑橘供需平衡的研究、城镇化进程对中国柑橘供给量的影响研究、人民币汇率变动对中国柑橘的出口的影响研究四个问题，得出了相应的结果与结论：第一，按照当前的发展趋势，到 2020 年，中国柑橘供给量将达到 5544 万吨，柑橘需求量只达到 4800 万吨，柑橘供需缺口将进一步增大，供需矛盾更加突出，柑橘销售仍然是困难重重；第二，在居民可支配收入接近美国当前水平的 2050 年，中国柑橘需求量将达到 6000 万吨。此时，如果柑橘种植面积控制在 300 万公顷以下，中国柑橘的供给量也只是达到 5757 万吨，那时中国柑橘产业将出现供不应求的局面；第三，加速城镇化是中国重要的发展规划，城镇化进程的加快有利于加快城乡融合、加快柑橘流通速度，提高柑橘供应能力；第四，人民币在今后若干年不断升值似乎成为了人们的共识，在其他条件不变的情况下，人民币升值给柑橘出口带来了负面的影响。

（4）本书主要研究结论有：①中国柑橘产业已经进入供大于求的供需失衡状态；②中国居民可支配收入增长缓慢是致使供需失衡的主要原因；③中国柑橘销售价格呈现出明显的"蛛网模型"效应；④影响柑橘供给量与国内鲜果消费量的主要因素是柑橘销售价格；⑤中国柑橘销售没有实现全年常态化，给了替代品太多的机会；⑥中国柑橘对外贸易处于劣势；⑦人民币不断升值和世界经济水平下滑严重制约了近几年的中国柑橘出口能力；⑧中国柑橘加工水平较低，产业化链条不完整；⑨中国柑橘还处在依靠扩张种植面积来增加产量的阶段。

本书以柑橘市场价格为纽带，将柑橘供给、消费、库存、加工等供需平衡诸因素进行系统的研究。本书从前到后总共搜集了几万个数据；数据的来源比较广泛，有来自美国农业部、FAO、联合国贸易数据库以及我们自己的调研数据。相关研究从前到后，历经六年。我们的研究生以及数学建模学生杜佩、李彤彤、王筠怡、刘舒、刘晶、杨冬梅、董威威、高霞、文兰娇、陆倩、李东岳、潘经韬、郑明洋、刘文、汪伟平、刘梦、彭雨滕、吴其澔、白轩晔、周旺等同学在数据查询、数据处理、模型建立和英文翻译上做了大量的工作。本书完稿过程中还得到了雷海章教授、陶建平教授、刘颖教授、朱再清教授、熊学萍教授的悉心指点。在此向他们表示诚挚的谢意。

本书只代表作者的观点和结论，由于知识视野不足和研究水平有限，书中难免存在错漏，恳请同行专家、学者及广大读者不吝赐教，提出批评和建议。

汪晓银　祁春节

2015 年 3 月

目　录

第 1 章
导　　言

本章研究了中国柑橘产业发展现状；全面介绍中国柑橘生产、消费、加工、进出口、储藏等所取得的进展和问题；提出了研究的问题并阐述了中国柑橘市场预警研究的目的与意义；并对本书中概念的界定、研究思路与技术路线、研究内容与重难点、研究方法与手段、数据的来源等均作了相应的阐述；最后指出本书的创新与不足。

1.1　研究背景与问题的提出

1.1.1　中国柑橘产业发展的现状

已有 4000 多年历史的中国柑橘是长江流域以及长江以南广大地区的重要的水果，覆盖了四川、重庆、湖北、湖南、广西、广东、云南、江西、福建、浙江等 20 省（自治区、直辖市）。

中国柑橘品种多样，错季节上市的种类随着科研投入的增加而增多。从大类来讲，柑橘主要包括甜橙、酸橙、橘（桔）、柑、柚、葡萄柚和柠檬等。中国多样的气候与地形地貌造就了柑橘品种的多样性。过去 10 多年，中国柑橘产业发展十分迅速，品种更新较快，中国在发掘地方柑橘良种资源的同时，还从国外引进了一些良种。目前，据记载的中国柑橘品种有 168 个品种[①]，分属在 8 个大类里。8 个大类主要有宽皮柑橘类、甜橙、酸橙、柚/葡萄柚、枸橼类、柠檬、枳以及枳和柑橘属的杂种和金柑。

1）中国柑橘种植面积和产量增长迅速

自 20 世纪 90 年代以来，中国柑橘产业发展快速。柑橘种植面积已由 1992

---

① 目前中国有 168 个柑橘品种收集在中国柑橘学会出版的《中国柑橘品种》（中国农业出版社，2008）一书中。柑橘产业信息网 http://www.cncitrus.com 也有详细记载。

年的 108.7 万公顷增长为 2011 年的 228.8 万公顷，年均增长 3.99%；柑橘总产量也由 1992 年的 516.01 万吨增长为 2011 年的 2944.03 万吨，19 年增长了近 5 倍。柑橘产量仅次于苹果，成为中国第二大水果。2011 年，中国超过美国和巴西，成为世界柑橘种植面积和产量均为世界第一的国家。

柑、橘、橙、柚等柑橘品种的产量增长也比较迅速。柑类水果从 2001 年的 408.17 万吨增长到 2011 年的 927.34 万吨，10 年增长近 1 倍多。橘类水果也从 2001 年的 466.78 万吨增长到 2011 年的 1130.57 万吨，增长了 1.4 倍多。橙类水果从 2001 年的 135.20 万吨增长到 2011 年的 554.08 万吨，增长了 3 倍多。柚子从 2001 年的 138.16 万吨增长到 2011 年的 320.67 万吨，增长了 1.3 倍多。

从柑橘鲜果类品种的构成看，2001 年，中国柑橘各品种产量占总产量的比例是柑类占 35%，橘类水果 40% 以上，橙和柚各占 11.6% 和 11.9%；到 2011 年，柑类占总产量的 31.5% 和总面积的 40.5%，橘类水果占总产量的 38.4% 和总面积的 49.4%，橙占总产量的 18.8% 和总面积的 24.2%，柚占总产量的 10.9% 和总面积的 14.0%。通过 2001 年和 2011 年柑橘鲜果品种占比的比较发现，中国柑橘种植在积极地向经济效益高的柑橘品种调整。这说明中国柑橘的品种结构正在逐步优化。目前发展最快的是脐橙、柚类和椪柑①。

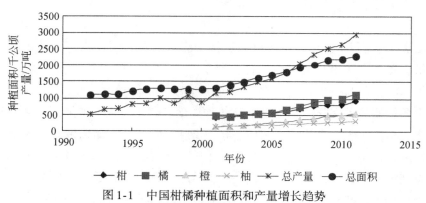

图 1-1　中国柑橘种植面积和产量增长趋势

注：中国国家统计局从 2001 年才开始统计柑橘橙柚等品种的产量

从图 1-1 中可以看出，柑橘产量的增长速度显然要大于柑橘种植面积的增长速度，从而显示柑橘单产增长较快，在农村劳动力不断减少的情况下，其单产增长的主要贡献可能来自于柑橘生产成本增加和柑橘科技进步。

---

① 详细数据请见附录 2，资料来源于 1993 年至 2012 年的《中国农业统计资料》。

2）中国柑橘消费结构单一且增长缓慢

柑橘产品不像大宗农产品（如粮食、棉花）那样具有较低的需求弹性。水果类农产品之间具有较强的可替代性。假如甜橙价格过高，苹果价格较低，在人们的收入既定的情况下，就可能不买甜橙而购苹果，因而，柑橘类水果的需求弹性比较大。

柑橘鲜果消费是中国柑橘消费的主要方式，即鲜果消费在中国柑橘消费中占据绝大部分，加工品消费比例比较低，其中缘由是由中国柑橘品种结构决定的。在中国，宽皮橘产量最大且符合消费者的消费习惯。能剥皮的柑橘食用方便，是人们喜欢购买的原因之一。目前，中国柑橘加工比例仅在 5%以下，并以橘瓣罐头加工为主，出口目的地以日本和欧盟、美国等地为主流方向。从中国商店货架上陈列的商品可以发现，20 世纪 90 年代初期以来，柑橘罐头正从大众视线中慢慢消失。虽然，近几年橙汁消费量在一些较发达的城市和地区增长迅速，但总量依然较低。

柑橘国内鲜果消费量的增长相对于柑橘产量的增长要缓慢得多。由于中国没有公布柑橘国内鲜果消费量，直接说明这个结论困难，但可以通过水果家庭人均消费量的变化趋势间接地进行说明。

表 1-1 城乡居民水果人均消费量   单位：kg/人

年份	城镇居民水果消费量	农村居民水果消费量	城乡人均水果消费量	年份	城镇居民水果消费量	农村居民水果消费量	城乡人均水果消费量
1992	26.99	9.13	14.03	2002	56.52	18.77	33.53
1993	30.65	10.8	16.36	2003	57.79	17.54	33.85
1994	33.51	12.5	18.49	2004	56.45	16.97	33.46
1995	36.56	13.01	19.85	2005	56.69	17.18	34.17
1996	40.72	15.63	23.28	2006	60.17	19.09	37.31
1997	45.48	17.23	26.24	2007	59.54	19.43	37.84
1998	47.86	19.24	28.78	2008	54.48	19.37	35.87
1999	46.07	18.35	27.99	2009	56.55	20.54	37.95
2000	49.13	18.31	29.47	2010	54.23	19.64	36.92
2001	50.88	20.33	31.84	2011	52.02	21.30	37.05

数据来源：中国统计年鉴，1991–2012

表 1-1 中显示，1992～2011 年城镇居民家庭水果人均消费量最高的是2006 年，为 60.17 千克，是消费量最低的 1992 年的 26.99 千克的 2.2 倍；农村居民家庭水果人均消费量最高的是 2011 年，为 21.30 千克，是消费量最低

的 1992 年的 9.13 千克的 2.3 倍。但这些数据显示消费的增长速度相对于产量近 5 倍的增长速度还有一定的差距。

中国是一个典型的二元经济结构的国家，居民收入水平存在着较大的城乡差别，这种差异被充分反映在柑橘消费上。2011 年城镇居民家庭人均可支配收入是 21 809.78 元，农村为 6977.29 元，城乡差距为 3.13 倍。其中，城镇居民和农村居民人均水果消费量分别为 52.02 千克和 21.30 千克，差距为 2.44 倍。可见居民收入在很大程度上影响了居民水果的消费量。

另外中国柑橘生产季节过于集中也严重影响了柑橘消费。近八成的中国柑橘收获季节主要集中在 10 月中下旬至 12 月，销售旺季则是出现在元旦和春节期间，国内生产的柑橘从 9 月底才开始进入市场，到第二年 4 月以前都可以满足市场对柑橘的需求，这段时间也是中国柑橘消费需求的旺季。然而，4 月至 9 月期间，除了数量极少的夏橙以及早熟蜜柑外，国内柑橘消费几乎处于停滞状态，甚至在许多大中城市也很难买得到柑橘类水果。柑橘消费的季节性影响着柑橘国内鲜果消费量的增长。

3）柑橘销售价格具有波动性与随机性

自然条件是影响柑橘生产的重要因素之一，这也赋予了柑橘生产具有很强的区域性和季节性。中国柑橘主要分布在东中部的江西、湖北、湖南、福建、浙江、广东以及西南部的广西、重庆和四川等山区，地域广、地形复杂且季节差异性大，容易遭受自然灾害的影响，如霜冻、低温、冰雹、病虫害等。而且柑橘品种不易存储和运输困难，再加上柑橘收获旺季主要是集中在每年的 11 月至第二年的 1 月这一小段时间内，产品销售期过于集中往往造成供需失衡，浪费损耗严重。所有这些都会造成柑橘有效供给的不稳定，影响着柑橘销售价格①的稳定。

纵观中国柑橘产地销售价格变化趋势，从 1989 ~ 2011 年，其生产者价格每吨大致在 100 ~ 450 美元变动，变化极差大。1997 年柑橘生产者价格最低，跌到 102.54 美元/吨，可能是亚洲金融危机的影响。2010 年和 2011 年则分别涨到每吨 431.43 美元和 349.26 美元，柑橘最高时的价格是最低价格的 4 倍还多。柑橘销售价格的变化趋势也经历了先跌后涨的波动，即从 1989 年的 258.05 美元/吨降至 1997 年的 102.53 美元/吨，接着从 1998 年的 162.70 美元/吨升至 2011 年的 349.26 美元/吨。柑橘销售价格总体波动趋势明显而且

① 本书所指的销售价格就是产地的收购价格。由于无法获得 1992 ~ 2011 年的柑橘市场销售价格，本书就假定中间商和零售商获取的利润占收购价格的比例是一个常数。因而，本书的销售价格既可以指产地收购价格，也可以指市场销售价格。在本书的对数线性模型中，收购价格和市场销售价格用一个价格表示并不影响模型的拟合。

较大。

运用 SAS 软件对柑橘销售价格做随机性检验，运行程序结果见图 1-2。

			Autocorrelation Check for White Noise						
To Lag	Chi-Square	DF	Pr > ChiSq	-----------------	---------------	-Autocorrelations-	-----------------	-------------	------
6	7.66	6	0.2641	0.473	0.147	0.098	0.202	0.129	0.056
12	17.71	12	0.1247	-0.031	-0.061	-0.125	-0.244	-0.229	-0.272
18	27.02	18	0.0786	-0.267	-0.086	-0.075	-0.150	-0.094	0.004

图 1-2　柑橘产地销售价格序列数据的白噪声检验

图 1-2 中的卡方检验结果显示，无论是延迟 6 步、12 步还是 18 步，其卡方检验值的概率均大于 0.05，这说明柑橘销售价格序列之间具有随机性，即序列之间没有明显的关联。价格的随机性使得柑橘产业生产、消费变得更加不可预知，加大了柑橘市场预警指导的难度。

4）柑橘进出口增速快但基数低

在国际贸易中，柑橘作为重要的商品之一，其在世界农产品贸易中占据着非常重要的地位。柑橘鲜果在世界贸易中的年均（出口）额约为 70 亿美元。世界上许多国家通过参与柑橘及其加工品的生产与出口贸易，获得了财富。

表 1-2　1992～2011 年中国柑橘产品进出口量　　　　单位：吨

年份	柑橘鲜果		柑橘罐头		柑橘汁	
	进口	出口	进口	出口	进口	出口
1992	202.94	61 392.11	43.21	62 104.95	667.55	398.98
1993	279.70	88 763.01	29.37	42 593.33	1148.92	1 325.30
1994	668.79	137 675.02	65.09	53 020.68	862.80	816.60
1995	2 321.03	143 320.90	53.91	78 578.20	1 698.00	1 236.95
1996	6 326.04	166 128.02	594.21	80 084.11	2 565.59	419.90
1997	13 836.02	223 122.40	60.27	99 249.71	4 574.43	1 013.71
1998	5 591.90	175 458.37	52.82	112 638.39	5 382.02	2 901.71
1999	29 685.54	176 290.79	176.37	120 036.82	9 788.17	2 675.47
2000	61 860.82	200 271.03	295.38	175 862.32	9 553.83	2 920.39
2001	67 860.29	171 239.70	278.11	176 031.65	18 634.63	3 685.83
2002	58 194.76	216 846.52	705.57	218 819.34	37 956.21	3 716.49
2003	76 636.73	292 034.42	1 095.65	251 136.97	53 057.19	4 214.02
2004	66 889.30	361 384.79	3 437.01	282 644.07	48 255.12	3 266.39
2005	61 530.34	465 622.99	17 828.37	299 080.04	61 189.43	4 055.08

年份	柑橘鲜果		柑橘罐头		柑橘汁	
	进口	出口	进口	出口	进口	出口
2006	78 931.26	435 119.76	26 795.15	316 503.87	64 455.96	8 983.80
2007	74 421.28	564 491.34	40 059.66	339 450.81	65 324.37	11 940.78
2008	79 946.39	862 104.86	60 290.43	354 180.23	47 565.87	16 894.88
2009	91 635.30	1 111 950.16	80 160.46	320 554.41	65 108.47	20 219.97
2010	105 275.30	933 089.32	116 419.04	336 843.98	71 364.40	22 563.13
2011	131 739.31	901 556.66	114 700.17	337 665.19	78 155.83	20 540.52

资料来源：海关总署，《海关统计年鉴》1993~2012

注：柑橘汁包括冷冻橙汁、非冷冻橙汁、白利糖度值不超过 20 的橙汁、其他橙汁、柚子汁、白利糖度值不超过 20 的柚子汁、其他柚子汁

1991~2011 年，在全球范围内，柑橘总贸易量是不断增加的。其中，增长较快的当属温州蜜橘和橙汁的出口量，尤其是普通橙汁出口量的增长幅度最为显著，而鲜橙出口量总体增长幅度却不明显。世界柑橘中的 10.4%~13.4% 被用于鲜果出口，其中宽皮橘在鲜果出口中所占比重较大，占 14% 左右。甜橙大多数用于加工，用作鲜果出口的比例最低。近年来，宽皮橘在世界柑橘出口中所占比例不断上升，其占出口柑橘的比例从 20 世纪 70 年代的13.6% 上升到 2011 年的 23.7%，出口量已达 236 万吨。

表 1-2 的数据显示，从 1992~2011 年的 20 年，中国柑橘产品的进出口保持了较快的增长势头。柑橘鲜果进口数量从 1992 年的 202.94 吨增加到 2011 年的131 739.31 吨，增加了 648 倍之多。柑橘罐头和柑橘汁进口分别从 1992 年的43.21 吨和 667.55 吨增加到 2011 年的 114 700.17 吨和 78 155.83 吨，分别增加了2653 倍和 116 倍。这充分说明中国正逐渐成为柑橘加工品特别是橙汁产品的重要消费市场。同时，出口也表现出较迅速的增长势头，就柑橘鲜果、柑橘罐头、柑橘汁而言，其出口量分别从 1992 年的 61 392.11 吨、62 104.95 吨、398.98 吨分别增长到 2011 年的 901 556.66 吨、337 665.19 吨、20 540.52 吨，依次增加了 13 倍、4 倍和 50 倍。

虽然中国柑橘的进出口数量增长迅速，但在世界柑橘贸易中，中国柑橘鲜果不论是其出口量还是出口份额所处地位都微不足道。2011 年在世界柑橘鲜果贸易量中，中国柑橘鲜果的出口量仅占世界柑橘鲜果出口量的 2.8%，其出口额在世界柑橘鲜果出口额所占比重只为 1.34%。由此可见，中国柑橘鲜果的国际柑橘市场占有率依然非常小，其在国际市场上的出口竞争力也相当微弱。

5）柑橘加工量小

柑橘产品除了直接用于鲜食外，还能制成诸如橙汁、橘瓣罐头、柑橘香精油、果胶等加工产品。其中，世界柑橘最主要的加工产品当属柑橘汁（主要是橙汁）。

随着消费者选择柑橘消费方式的变化以及现代科学技术的迅猛发展，柑橘加工品的产量在近些年来稳步上升，加工比例也稍有提高。特别是产量增长尤为迅速的浓缩橙汁，在中国，其加工产量在1991[①]年度仅为4.7万吨，2011年度则达到60万吨，增长了11倍多。其中甜橙、葡萄柚以及宽皮橘的加工比例在所有加工品中较高，但与发达国家相比，中国的加工比例还是很小。

由表1-3可知，甜橙加工比例在1999/2000年度～2004/2005年度均在1%以下，其余年度大致在3%～5%浮动。从整体而言，甜橙加工比例从1991年度的2.98%上升到2011年度的8.44%，涨幅明显，但所占比例仍然很小。对宽皮橘而言，具有类似的处境：其加工比例从1991年度的2.98%上升到2005年度的最大比例7.20%，总体呈上升趋势，但期间的波动较为明显，因为从2005～2011年度，加工比例又有了小幅的下降，降至4%以下。

表1-3　1991～2011年度中国柑橘加工量及加工比例

品种年份	甜橙鲜果			葡萄柚鲜果			宽皮橘鲜果		
	产量/千吨	加工量/千吨	加工比/%	产量/千吨	加工量/千吨	加工比/%	产量/千吨	加工量/千吨	加工比/%
1991	1 575	47	2.98	0	0	0	4 396	131	2.98
1992	1 575	81	5.14	0	0	0	4 265	213	4.99
1993	1 633	82	5.02	0	0	0	4 423	221	5.00
1994	1 731	86	4.97	0	0	0	5 509	275	4.99
1995	1 862	95	5.10	0	0	0	5 509	275	4.99
1996	2 126	100	4.70	0	0	0	6 910	275	3.98
1997	2 615	129	4.93	0	0	0	5 068	355	7.00
1998	3 255	162	4.98	0	0	0	6 474	442	6.83
1999	2 692	15	0.56	0	0	0	4 837	187	3.87
2000	3 640	23	0.63	0	0	0	6 274	325	5.18
2001	3 660	21	0.57	1 530	0	0	6 552	360	5.49
2002	4 089	25	0.61	1 644	0	0	6 876	480	6.98

---

① 本书用1991年是指1991/1992年，其他所有年份数据表示与此类似。

品种 年份	甜橙鲜果			葡萄柚鲜果			宽皮橘鲜果		
	产量/千吨	加工量千吨	加工比/%	产量/千吨	加工量千吨	加工比/%	产量/千吨	加工量千吨	加工比/%
2003	4 298	28	0.65	1 802	0	0	8 554	510	5.96
2004	4 514	42	0.93	1 871	0	0	8 057	550	6.83
2005	4 836	145	3.00	2 028	0	0	9 027	650	7.20
2006	5 512	245	4.44	2 233	0	0	11 016	680	6.17
2007	6 066	182	3.00	2 526	0	0	12 661	550	4.34
2008	6 580	202	3.07	2 907	0	0	14 209	520	3.66
2009	5 999	180	3.00	2 812	0	0	14 013	480	3.43
2010	6 998	520	7.43	3 213	0	0	16 008	600	3.75
2011	7 110	600	8.44	2 915	0	0	17 010	660	3.88

资料来源：USDA，FAS. office of Global Analysis

6）柑橘不耐储存，损耗严重

柑橘类水果作为鲜活易腐性商品之一，其原有的使用价值，会因不及时的组织调运、出售管理及存储技术和方法上的不当等，特别是在长距离运输和长时间储藏过程中，极易腐烂和变质，最终失去柑橘鲜果的价值，造成损失。

还有些柑橘品种如少数杂柑，只能在一定的温度条件下储存有限的时间，并且它们的货架寿命很短，更加缩短了其销售期，进而不得不加紧采后的及时销售。

即使是相对较耐贮运输的脐橙等，也还是需要在较适宜的低温条件下储运。然而随着存储时间的持续，存储期间的消耗与费用在不断增加，其面临的各种风险也随之加大，所以柑橘鲜果应通过加快其流通速度，实现快销减少损耗。

1.1.2 问题的提出

作为中国第二大水果种类的柑橘因其优良的口感和独特的营养价值备受消费者喜爱，柑橘每年的消费量约占中国所有水果消费总量的六分之一（祁春节，2001）。并且柑橘在中国的水果贸易中占有重要的地位，部分优质柑橘品种还远销海外，在世界进出口贸易中占有一定的份量。柑橘种植与柑橘贸易为中国创造了巨大经济效益，实现了产区人民脱贫致富的梦想。

自从加入 WTO 以来，中国柑橘在国民经济中的地位愈加重要。柑橘产业发展迅速，产量剧增，消费能力得到扩展，对外出口量也不断增加。柑橘品种不断增多，错季节上市品种多样，使得柑橘消费日益丰富。中国已经成为世界上柑橘生产面积最大、产量最高的国家[1]。

2011 年，赣州市脐橙产量突破 140 万吨，比上一年增长 30% 以上，创历史最高水平。但是，尽管品质很好，在进入脐橙销售的高峰期其价格却比往年要低，大批的脐橙堆积在果农家里卖不出去。赣南脐橙的大丰收为何会遭遇销售难题呢？

这个典型事例暗含了柑橘产业面临的一系列问题，即消费能力不足、产品供给过剩等问题日趋严重。广大橘农目前最担心的问题已经不是技术问题而是柑橘销售问题。柑橘销售价格多年来不稳定，销售日益困难，柑橘种植户的经济效益下滑趋势明显[2]。柑橘出口量虽增长迅速，但相对于供给量来讲，比重却很低；同时中国柑橘加工业发展有些迟缓且效率低下[3]。由于相对于粮食等农作物而言，柑橘具有成本利润率高的优势，一些农户毁粮田造橘林的现象普遍存在，这也引起了国家相关部门的关注。如何解决销售困难的问题？柑橘产业还需不需要继续扩大规模？如何增加对外出口量？这些是近年来中国柑橘产业讨论最多的问题。这些问题要想得到有效的解决，建立柑橘市场预警模型就显得尤为迫切。

1.2 研究的目的与意义

中国自古以来就是一个农业大国，农业是国家的命脉。作为柑橘生产大国，中国柑橘业在中国水果业和世界柑橘业都占有举足轻重的地位，其栽培面积和产量均居世界第一位。在国际市场，柑橘的贸易额在农产品贸易中仅次于小麦和玉米，居第三位。在国内水果市场，柑橘国内鲜果消费量仅次于苹果，处于中国水果消费的第二位。不仅如此，中国柑橘产业在南方农村的经济中占据重要的地位，其产区的分布基本上是中国南方贫困地区，发展柑橘可以极大地推动中国南方贫困地区的经济发展。

---

[1] 据世界粮农组织 FAO 数据库统计比较得到。

[2] 根据国家柑橘产业技术研发中心产业经济研究室 2007～2013 年的调研数据中得到这一结论。经济研究室已经连续 6 年在江西赣州、重庆、湖北宜昌、湖南郴州等地进行了柑橘成本收益的调研，收集整理了大量的调研数据。

[3] 结论来自于《园艺经济研究（第一辑）》（祁春节、汪晓银著，科学出版社，2010）中第一章第一节关于"柑橘加工能力薄弱"的阐述。

柑橘产业的发展还能带动相关产业的发展，例如，加大了化肥、农药等农业生产资料的消费，拉动了包装纸箱、腊液、包装线等加工产业的发展，并且给产区政府带来了相应的税收收入。

然而，中国柑橘产业的发展现状却表明，柑橘需求量虽有所增长，但增长的步伐显然跟不上产量的增长。再加上中国柑橘出口量占产量的基数仍然很低，加工业发展缓慢，从而导致中国柑橘出现供给量过剩、柑橘销售困难的局面。

事实上，同粮食及其他商品一样，柑橘市场也存在着风险。中国柑橘市场，不仅受到进口柑橘的冲击，也受产需关系是否平衡的影响。由于中国柑橘种植分散，大部分属于农户小规模种植经营的模式，无法做到统一的种植调控；同时，受信息的不对称的影响，在柑橘市场供给与需求上经常出现失衡现象：当风调雨顺，种植管理得当时，柑橘产量丰盛，供给来源充足，供给大于需求，市场交易价格却很低，经常出现"橘贱伤农"的情况，如2011年无锡地区，柑橘大量积压枝头，柑橘销路愁煞橘农；而气候不佳，产量骤降时，柑橘的交易价格又往往颇高，又如2011年，宜昌地区受气候影响，产量下降，柑橘销售价格一路"水涨船高"，从往年的每斤①1元左右涨到2元左右，价格上打了"翻身仗"②；而特别是中国加入WTO以来，国际贸易合作加强，国产柑橘行销国外的同时也很大程度地受到进口柑橘的冲击。柑橘市场行情的预测变得更为复杂困难，橘农无从知晓何时该扩大种植面积，何时该缩减种植投入而转向生产其他经济农作物，政府的引导调控工作也难以开展。

因此，很有必要建立柑橘市场预警系统。确定先期指标、同期指标以及后期指标，建立它们之间关系的预警模型。借助先期指标或部分同期的变动（如柑橘的历史产量及市场交易情况），预知其他同期指标以及后期指标的变化规律，对柑橘的未来供需情况进行预测，对供需失衡程度及进出口状况属性做相应分析，使得政府、柑橘生产者和贸易者心中有数，这样可以对橘农何时扩充种植何时缩减种植以及市场行销提供及时有效的建议与引导，对中国柑橘经济的良性、有序、健康发展起到很好的预警作用。

1.3　概念的界定

本书涉及的概念比较多。为了能很好地阐述其经济含义，建立更加清晰、

---

① 1斤=500克。

② 信息来源：柑橘产业信息网 http：//www.cncitrus.com。

操作实用的预警模型，需要对一些关键的概念进行界定。

（1）柑橘市场预警。柑橘市场预警是指预警指标体系中，先期指标①（指标也称变量）、同期指标和后期指标之间建立了相互关联、相互影响的动态模型。当先期指标和部分同期指标变动时，市场决策者可以对其他同期指标和后期指标的变化做出判断，从而为柑橘的生产、消费、进出口以及销售等市场经济行为作出决策。本书中，预警指标主要分为核心层指标、辅助层指标以及制约层指标。

（2）柑橘供给量。定义柑橘的供给量（用 GQ_t 表示）为柑橘鲜果的生产总量（用 Y_t 表示）、能提供给市场的柑橘的库存量变化量（用 ΔKQ_t 表示）和柑橘进口量（用 IQ_t 表示）之和，即 $GQ_t = Y_t + \Delta KQ_t + IQ_t$。它是表示能够出售的柑橘数量。

（3）柑橘（国内）销售价格。柑橘销售价格也称柑橘收购价格、生产者价格或出售价格②，是指在中国国内柑橘生产者将柑橘搬运到指定地点（如家门口）再出售给中间商或合作社的价格。它不同于市场销售价格，也有文献将其称为树下价格。

（4）柑橘国内鲜果消费量（本书也简称为柑橘消费量，用 CQ_t 表示）。本书所指的柑橘国内鲜果消费量是指在中国境内消费柑橘鲜果量。我们在这里认为，柑橘需求量 XQ_t 为柑橘国内鲜果消费量、柑橘出口量（用 EQ_t 表示）、加工量（用 JQ_t 表示）和浪费量（用 LF_t 表示）之和，即 $XQ_t = CQ_t + EQ_t + JQ_t + LF_t$。

（5）柑橘加工量。柑橘加工量是指国内企业将柑橘加工成橙汁罐头之类的加工品所消耗的柑橘鲜果量，不是指加工成制品如罐头橙汁的数量。在中国目前工艺水平下，综合各方面的调研信息③，14~15 吨鲜果能够加工成 1 吨橙汁，1.5 吨柑橘鲜果能够加工成 1 吨罐头。

（6）柑橘进出口量。本书所用到柑橘进出口量是指柑橘鲜果的进出口量，真正的出口量应该是鲜果出口量与柑橘加工品出口量折算成鲜果量的和；但是本书遵循的是美国农业部提供的供需平衡表，即"供给量=柑橘产量+进口量+库存变化量=国内消费量+出口量+加工量+浪费量=需求量"。供需平衡表的柑橘指的都是鲜果。加工量认为是鲜果需求量的一部分，是鲜果的消费。

---

① 先期指标在统计学中称作为滞后指标或滞后变量。
② 《农产品成本收益资料汇编》从 2000 年开始将柑橘收购价的名称改为出售价。
③ 根据国家柑橘产业技术研发中心产业经济研究室调查资料估计得到。本资料汇聚了江西赣州、重庆忠县、湖北宜昌、浙江衢州等地加工企业的调研数据。

1.4 研究内容与关键问题

本书的研究内容主要基于供需平衡理论和联立方程组理论进行展开。供需平衡理论讲究供给量与需求量动态平衡，平衡联系的纽带就是价格，而价格的形成需要在市场交易中产生，从而引出了相关的经济变量。

1.4.1 研究内容

本书研究的主要内容如下。

（1）柑橘市场预警理论的研究。本书在前人研究的基础上提出了新的预警理论——网络关联预警理论，即农产品市场预警不仅要受到农产品局部领域经济内部指标（也称核心变量）的能动，如供给、消费、进出口、加工等，还要受到外部市场宏观经济变量的催动，如城镇化、市场化、人民币汇率等多方面的影响，它们之间相互影响形成关联网络。本书第 2 章将尽力阐述这一理论。另外，第 2 章里还建立三层市场预警指标体系。

（2）柑橘市场预警理论模型的建立。运用自适应预期理论和局部调整模型推导出预警主模型和辅助模型，组成体系较为完整的柑橘市场预警理论模型。这是本书第 3 章的主要内容。

（3）柑橘市场预警指标体系的经济分析。在第 2 章市场预警指标体系构建框架的基础上，对构成柑橘市场预警体系的经济指标进行数据收集、整理并作经济分析。这是本书第 4 章的内容。

（4）中国柑橘市场预警理论模型的修正。通过搜集历史数据，运用斯皮尔曼等级相关系数对三层指标体系的关联性进行阐述，在此基础上，运用格兰杰因果检验将滞后变量引入模型之中，对第 3 章建立的理论模型进行修正。这是第 5 章的内容。

（5）中国柑橘市场预警模型的实证。运用建立的联立方程模型，把理论模型进行拟合、检验及预测。这是本书第 6 章的内容。这一章还要进行核心变量的趋势分析以及供需缺口的估计。

（6）运用预警模型研究目前急需解决的四个热门问题。第一个问题是，十八大提出的收入倍增计划下，到 2020 年，中国柑橘国内鲜果消费量的变化趋势。预测出 2020 年和 2050 年中国柑橘消费市场容量。第二个问题是，在控制种植面积前提下，结合中国消费潜力和进出口潜力，测算中国柑橘需要的种植面积和产量，从而为柑橘产业的供需平衡发展指明发展方向。第三个问题是城镇化进程对中国柑橘供给量的影响。第四个问题是，探究人民币汇率变动对柑橘出口量的影响。这是本书第 7 章的内容。

1.4.2 解决的关键问题

本书要解决的关键问题是：

第一，要建立一套合理有效的柑橘预警指标体系。体系里指标变量的设置既要遵循经济理论和经济规律，又要满足其数据具备可查可测性。

第二，要建立中国柑橘预警理论与实证模型。模型既要能够很好地解释变量之间的依存关系和因果关系，又要保证实证分析的可行性。

第三，运用中国柑橘市场预警模型，研究柑橘产业面临的几个问题。一是柑橘销售困难的根源在哪里？二是中国柑橘未来的市场容量有多大？三是中国柑橘适宜的种植面积到底有多大？

1.5 研究思路与研究方法

中国柑橘市场预警是一个复杂的系统工程，涉及供给、国内消费、进出口、加工以及宏观经济的多个方面，每一个方面又由较多的经济指标变量所组成。整个预警模型由多个内生指标和外生指标构成的多个子模型构成，指标之间相互关联相互制约，模型之间也是关系密切。因此本书的研究思路立足需简明清晰，技术路线立足需切实可行。

1.5.1 研究思路

本书的研究思路如图 1-3 所示。

首先研究中国柑橘发展现状，阐述市场预警的重要意义；搜集市场预警相关资料进行文献综述与理论框架的阐述，确定柑橘市场预警理论模型的基本框架，即 5 个主模型，4 个辅助模型。这些子模型中的变量依据研究的需要分为核心变量、辅助变量和制约变量三种类型。运用自适应经济预期理论和局部调整模型从理论上对中国柑橘市场预警模型进行推导与构建。

其次，结合构建的市场预警理论模型，搜集所需变量的 1992～2011 年的相关数据，整理并作经济分析。运用斯皮尔曼等级相关系数等方法阐述供给量、国内鲜果消费量、柑橘销售价、进出口以及加工消耗鲜果量与其影响因素的动态变化关系。

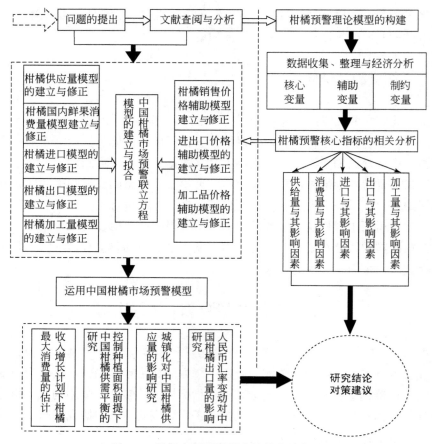

图1-3　柑橘市场预警研究的技术路线图

由于经济变量存在着高度的多重共线性，在联立方程拟合过程中，需要对模型拟合效果有严重干扰的变量进行主成分分析的预处理。本书采用主成分综合变量法以及格兰杰因果检验对模型的滞后项进行修正。采用三阶段最小二乘法对构建膜的模型进行参数拟合，最终建立中国柑橘市场预警模型。

接着，运用预警模型，对4个问题进行研究，即收入增长计划下柑橘国内鲜果消费量的最大容量、控制种植面积前提下中国柑橘供需平衡的研究、城镇化对中国柑橘供给量的影响研究、人民币汇率变动对中国柑橘出口量的影响研究。

最后，凝练前面的研究结论，并结合这些研究成果提出相应的对策建议。

1.5.2　研究方法

本书研究方法主要有：

（1）经济理论分析的方法。本书运用农业经济学、西方经济学、技术经济学、制度经济学、计量经济学的基本原理，对中国市场预警系统涉及的现象进行经济分析，从理论上阐述预警理论体系研究的必要性和可行性。

（2）关联分析的方法。中国柑橘市场预警系统牵涉到方方面面的变量，有柑橘系统内部的变量，如供给量、消费量、柑橘收购价格等，也有柑橘系统以外的变量，如市场化、城镇化等。本书用等级相关系数（spearman）研究这些经济变量之间的趋同性，并与经济分析相结合确定柑橘市场预警的指标体系。

（3）自适应经济预期理论和局部调整模型。农业经济中一些经济现象的发生是与其关联变量的预期值产生关系。例如，柑橘供给量的大小是由其预期收购价格决定的，而预期变量又是不可观测的。这就需要引用预期理论包括自适应预期理论和局部调整模型对柑橘市场预警的理论模型进行推导构建。

（4）格兰杰因果检验法。一个经济变量的滞后期可能会对另一经济变量有着某种经济联系。本书借助格兰杰因果检验可以更为方便地分析模型中解释变量是否有滞后因素，为模型的完善提供了计量经济理论依据。

（5）主成分分析。在三种类型的经济指标中，按照经济学理论，5个核心变量会受到辅助变量的直接影响，同时也会受到制约变量的影响。经济变量之间千丝万缕的关联关系加大了研究的难度。如果把所有变量都加入到模型中必定加大模型计算的难度。另外这些变量绝大部分是宏观经济变量，它们之间很显然存在着多重共线性。共线性的存在必然使得模型的参数拟合失去本来的经济含义，而且拟合出来的模型也可能不稳定。在这种情况下，将若干个指标综合成几个相互正交的主成分是解决问题的有效途径。这种将主成分和联立方程融合在一起，本身就是一个大胆的尝试，可能会丰富计量经济模型的应用手段。

（6）联立方程组模型。经济现象之间关联性是很强的。如果用单方程模型进行建模就难以揭示出变量之间的相互影响、相互成长的经济规律，而且会出现经济变量之间的多重共线性、序列相关性等模型弊端。因此本书选用联立方程模型构建柑橘市场预警模型以期能更好解决模型的拟合问题。

（7）经济预测的方法。外生变量的发展是按照自身规律且不受柑橘系统内部变量的影响进行发展的，是需要预测的。本书将根据数据变动的客观规律选择合适的预测方法进行预测，如广义回归神经网络预测方法等；然后将外生变量的预测值代入预警模型中对内生变量的未来进行预测。

（8）供需平衡理论。本书借鉴了美国农业部提供的供需平衡表。供给量是产量和进口量的总和。需求量是国内鲜果消费量、加工消耗量、出口量、浪费量以及其他用途消耗量的总和。全书始终围绕着供需平衡的理论展开。本书结合供给量与需求量的缺口对柑橘市场进行的预警，也是基于这一理论。

简言之，本书采用了定量与定性相结合、宏观和微观相结合、理论与实证分析相结合的方法。模型研究既考虑了经济理论的一般性，也考虑到了柑橘经济领域的特殊性。

1.6 数据来源

本书所查找的数据主要来自四大数据库，它们分别是：

（1）中国官方数据库。主要有《中国统计年鉴》《中国农村统计年鉴》《中国农业统计资料》《全国农产品成本收益资料汇编》等。其中宏观经济变量数据如城镇化、市场化、物价指数、居民可支配收入、工业化水平等均来自于《中国统计年鉴》。柑橘及粮食蔬菜等农作物种植面积和产量等数据均来自《中国农村统计年鉴》或《中国农业统计资料》。少量数据是在柑橘产业信息网（http：//www. cncitrus. com）上查询到的。

（2）美国农业部数据库，即 U. S. Department of Agriculture 数据库。主要品种为鲜橙、鲜葡萄柚、鲜柑橘和橙汁。

（3）联合国粮农组织数据库，即 FAO 统计数据库。主要品种为橙子、柑类、葡萄柚、柠檬和酸橙以及其他类柑橘属水果。

（4）联合国商品贸易统计数据库，即 UN COMTRADE[①]。数据库是由联合国统计署创建的，数据库收集了自 1962 年以来的超过 200 个国家和地区的官方年度商品贸易数据，商品品种超过 6000 种、约 17 亿个数据记录，涵盖了全球 99% 的商品交易，真实反映了国际商品流动趋势。中国对外贸易数据与其高度统一，但在该数据库里只有中国 1992 年以来的数据。本书采用 HS 分类法，研究对象为 "0805" 属柑橘鲜果，即 "鲜或干的柑橘属水果"，而这类柑橘水果主要包括以下六类，柑橘加工品主要包括以下十类，详见表1-4。

表 1-4 HS2012 对 "0805" 属柑橘鲜果的分类

编码	名称	编码	名称
080510	鲜或干的甜橙	080530	鲜或干的柠檬及酸橙
080520	鲜或干的宽皮橘及柑橘杂交果实	080540	鲜或干的葡萄柚及柚

---

① 由于《中国海关统计年鉴》数据与联合国商品贸易统计数据库完全一样，本书研究中除了 1992 年前部分数据外，其余国际贸易数据均来自于联合国商品贸易统计数据库。

编码	名称	编码	名称
080550	鲜或干的柠檬（citrus limon/limonum）及酸橙（citrus aurantifolia/latifolia）	200920	柚子汁
		200921	白利糖度值不超过 20 的柚子汁
080590	其他未列明的鲜或干的柑橘属水果	200929	不包含 200921 的其他柚子汁
200911	冷冻橙汁	200930	其他未混合的柑橘属水果汁
200912	非冷冻的，白利糖度值不超过 20 的橙汁	200931	白利糖度值不超过 20 的柠檬汁
		200939	不包含 20093 其他柠檬汁
200919	其他橙汁	200830	柑橘罐头

资料来源：UN COMTRADE

劳动力投入（天数）、成本利润率等均来自于《全国农产品成本收益资料汇编》。

另外还有些数据来自于柑橘产业信息网中的新闻、图片、数据库等。

通过这些数据库，既为本书写作提供了依据，更保证了本书数据的客观性、全面性、真实性。需要说明的是，本书中国进出口的相关数据都是仅指中国大陆，不包括从中国香港、中国澳门转运的进出口数据。

1.7　创新与不足

1.7.1　可能的创新

本书采集了大量的数据，运用了计量经济方法和其他数学建模方法，将柑橘预警理论进行了一定的扩展，并将其运用到了柑橘产业。

（1）将诸多宏观经济因素引入预警模型中。经济预警理论在中国发展已经有 20 多年，除了 20 世纪八九十年代不少学者对预警理论有所创新之外，近些年来似乎有沉寂的迹象。原因可能是经过了 20 多年来，不少研究者发现，在借鉴外国学者而创立的中国市场的经济预警理论似乎难以达到预警效果。关键原因是中国是一个政府高度调控的社会主义社会，倡导的经济与资本主义市场经济还是有区别的。西方国家的价格为主导的供需平衡预警理论不能在中国生搬硬套。因此，本书创造性将诸多宏观经济因素如城镇化进程、市场化水平、农业财政支持等引入到预警模型中，肯定了政府在柑橘市场预警中所起的作用，丰富了市场预警理论。

（2）建立了主成分-联立方程模型。本书运用经济学相关理论、经济预期理论和局部调整模型，选用对数线性模型推导出了带有残差信息的 9 个子模型的表达形式。为了解决这 9 个子模型中残差变量的经济信息，运用斯皮尔曼等级相关系数以及经济规律，筛选出了影响柑橘供给量、柑橘国内鲜果消费量等 9 个模型的解释变量，并将其放入模型的残差信息之中。由于每个模型残差信息中带有的变量较多，考虑到模型拟合样本量不足以及模型中会存在严重多重共线的缘故，本书创造性地将主成分分析方法综合的新变量引入到模型之中，对前面构造的理论模型进行了修正。这从方法上丰富了联立方程组构建思路。

（3）将预警理论与柑橘产业发展相联系。中国柑橘经历了十多年的快速发展，已经成为国民经济和农民增收重要产业。由于中国国情以及柑橘品种的特殊性，中国柑橘产业开始出现销售难的困境。柑橘产业部门相关领导和专家在多个场合呼吁建立柑橘预警系统。本书正是基于这一目的，将供给、消费、加工、进出口以及价格通过联立方程模型结合起来，建立了中国柑橘市场预警模型，努力为柑橘产业发展提供建议。

1.7.2 不足之处

本书因资源与能力的限制，一些方面做得还不尽如意，尚需要进一步深入研究。

（1）数据来源口径不一致。柑橘国内鲜果消费量的估计是一个非常复杂的工作。我们收集到的中国官方统计数据中只有家庭人均水果消费量，折算成全国水果消费量，2011 年不到 5000 万吨。按照柑橘水果消费占整个水果消费的 1/6 来计算，国内家庭柑橘鲜果消费量不足 1000 万吨，只占到 2011 年柑橘产量的 1/3。为此还需要进行柑橘在外用餐消费量的估计以及加工、库存消费量的估计。但这些工作限于中国官方数据采集的完全缺口，致使工作无法展开。所以本书中采用了美国农业部数据以及联合国粮农组织数据库的数据，因为数据来源口径不一致，从而会影响到柑橘市场预警的效果。后续研究可以在在外用餐水果消费量的估计以及柑橘消费占到水果消费的比例上展开研究。目前国内在这一领域只有包括中国社会科学院在内的少数几位专家进行过研究，方法还不成熟，理论尚待完善。由于数据采集难度大，本书放弃了这一领域的研究。

（2）没有考虑柑橘品种的差异性。柑橘品种有 160 多种，分为柑、橘、橙、柚、柠檬、金橘等多个类别，分散在全国 20 个省份，品种差异性大。如果能够收集到某个品种投入产出、价格、加工等方面的数据，进行分品种的市场预警研究将更有意义。同样也是由于数据采集的困难，本书就只考虑整个柑橘综合的市场预警。虽然还不能具体解决某一区域某一品种的具体问题,但也可以给政策制定者一些参考。就预警方法思路上来说,本书的研究可以给其他数据完整的农产品市场预警提供参考。后续的研究可以就柑、橘、橙、柚、柠檬等大类进行市场预警,也可以就某一地区某一品种结合柑橘国内外市场进行市场预警。

(3)柑橘市场销售价格数据缺失。在进行柑橘国内鲜果消费子模型的构建与拟合中,本书用柑橘产地出售价格替代市场销售价格显然依据并不充分。柑橘市场销售价格只能在全国各大市场去收集资料,如果仅仅是收集几年的数据是能够办到的;但由于本书用的是统计模型,需要多年的数据,而中国各大水果市场销售价格也只能够查到最近几年,而且柑橘品种多,品质差异性大,如何得到统一价格尚需研究。因此,关于柑橘市场销售价格的核算也是值得研究的。

第 2 章
文献综述与理论框架

中国柑橘在过去的十几年间发展迅速，柑橘生产面积和产量均已跃居世界第一。据资料显示，柑橘种植的成本收益率明显高于粮食、棉花等作物。为了增加产量提高收入，柑橘产区的农民不断扩大柑橘种植面积，增加柑橘生产投入。然而，残酷的现实表明，十多年来，中国多种柑橘品种绝对价格并没有上涨，销售利润空间不断压缩，部分地区柑橘生产出现亏损现象，柑橘销售难的问题日益凸显。据中国海关统计年鉴显示，中国柑橘对外出口量虽增长迅速，但也只占到柑橘总产量的 3% 左右，即使加上加工量、库存量，柑橘产量的 90% 以上的销售担子压在了国内鲜果消费上。在中国城乡居民收入增长有限的前提下，国内需求显然跟不上柑橘产量的增长脚步。一些柑橘产区出现大量柑橘产品滞销、低价甩卖现象，柑橘损耗严重。中国柑橘生产出现了盲目扩张、竞争无序、销售困难等诸多令人忧虑的现象。

因此，中国有必要建立柑橘预警系统。通过先期变量的信息捕捉到未来供需缺口的变化，从而为柑橘生产提供建议，尽量避免农民增产不增收的现象发生。

本章主要研究前人在农产品供需平衡和市场预警等方面的成果，并结合柑橘市场的特殊性，拟定了中国柑橘市场预警研究的理论框架。

2.1 经济预警系统的相关研究

经济预警系统是指由若干个相互关联的指标组成的指标体系，并运用经济模型和数学计算通过先期指标和部分同期指标的变动，描述后期指标的变动趋势的操作系统。国内外许多学者在这一领域作过很多的探索研究，并取得了丰硕的成果。

2.1.1 世界经济预警理论与应用的发展历程

经济预警主要起源于西方资本主义国家。在 19 世纪后期西方资本主义国家的经济统计学家就开始了经济预警的研究，并进行着宏观经济景气分析。由于宏观经济预警对经济危机的爆发具有预先警告作用，所以经济统计学家从未间断过对经济预警的研究，他们在预警方法上不断地进行改进，积累了丰富的经验，也取得了不少成就。

1）经济预警理论的萌芽

最早的经济预警论文出现在1888年的巴黎统计学大会上。论文以不同的色彩评价经济状态，引起了学者的广泛关注。在随后的20世纪前30年，英、美、法等国出现了政府支持的经济预警机构。1903年英国描绘了"国家波动图"，用来描述宏观经济波动。1909年，美国巴布森统计公司编制了关于美国宏观经济状态的第一个"经济活动指数"，描述美国宏观经济状态。1911年，美国布鲁迈尔经济研究所也编制了涉及一般商品市场和证券市场等方面的景气指标。同年，法国设立经济恐慌委员会以编制法国的各类景气指数和向政府提供关于经济危机的预警报告。1917年，哈佛大学的研究小组用新的景气指数编制了"美国一般商情指数"，也称哈佛指数，并投入使用，效果很好。

2）经济预警理论的产生

在20世纪30年代发生资本主义经济危机之后，西方经济学家才开始普遍承认资本主义也有大危机，资本主义经济也会产生警情。在随后的30多年里，以美国为首的资本主义国家，投入大量的人力和财力建立了宏观经济监测预警系统。最有代表意义的预警系统是1950年的美国经济统计学家穆尔建立的新的多指标信息综合方法——扩散指数以及在60年代美国商务部首席经济学家希斯金提出的合成指数（composite index）监测预警法。穆尔和希斯金创造性的工作标志着经济预警理论的产生。

3）经济预警理论的发展

20世纪70年代以后，美国、德国、英国、日本、意大利等国分别采用不同的方法建立了国家宏观经济监测预警系统，并且架起了经济预警系统国家之间的合作关系，促进了经济监测预警走向国际化和专业化，极大地推动了经济预警理论的发展。最有代表性的成就有，1975年美国全国经济研究所与美国的国际经济循环研究中心合作建立的"国际经济指标系统"以及1984年日本经济研究所与印度、韩国、印度尼西亚、新加坡、泰国、菲律宾六国的科研机构合作建立了七国的经济监测预警系统。

2.1.2　中国经济预警理论与应用的发展历程

中国的经济预警系统的研究起步较晚。大约在20世纪80年代，在经过几年的改革开放之后，中美关系进入蜜月期，中国吸引了大量的外资和技术，经济出现了过热现象，投资失控，通货膨胀、重复建设等问题逐步显现。这些问题的出现阻碍了中国经济的可持续发展，也给中国经济体制改革带来了困难。于是中国一些经济学家和政府决策部门开始认识到了检测经济波动的重要性，开始研究国家宏观经济监测预警系统，并在预警理论的研究、预警指标体系的建立、预警方法的创新等方面取得了一定的成效。

20世纪80年代末90年代初，中国经济预警系统发展逐步成熟与完善。不少经济学家在学习西方资本主义国家经济预警理论之后，开始将其应用于中国宏观经济监测与预报。最为代表的是国家统计局和中国人民大学的顾海兵教授等。

袁兴林和黄运成（1988）运用DI和CI法计算了中国工业生产景气循环的基准日期，开创了景气指数在中国预警中的应用。1989年，国家经济体制改革研究所选用了13个先行指标，13个同步指标，9个滞后指标①，运用DI法对三组指标的发展方向进行了测算，找出了三组指标各自基准的周期循环日期。同一年，国家统计局统计科学研究所设计了6组综合监测预警指数，并将其按照运行规律划分为五个灯区，用以描述经济循环周期波动过程中的冷热状态。中国预警系统经过几年的实践与应用逐步形成体系。《经济周期和预警系统》（毕大川、刘树成主编，1990）一书的出版，标志着中国宏观经济预警理论与应用逐步走向成熟。这是中国在该领域出版的第一部专著。1990年，国家统计局开展了"经济监测与预警系统"的课题研究，完成了预警系统软件开发，并应用于经济发展趋势预测，进行经济变量间关联行为和政策效用分析。

进入20世纪90年代以后，经济预警的应用领域得到进一步拓展，不仅在宏观经济领域，在微观经济领域也得到广泛应用。中国人民大学国民经济系顾海兵教授等（1992）进行了粮食生产预警系统的研究，并探索和发展了经济预警理论。《中国宏观经济分析预测模型及应用研究》（1995）、《经济周期波动的分析与预测方法》（高铁梅，1998）等论文著作的相继出版，显示了中国的宏观经济预警研究的理论与实践、思想与方法逐步丰富，为后续的宏观经济预警研究奠定了基础。

但进入21世纪以后，经济预警的研究似乎出现停滞。除了在研究领域上有所扩展之外，预警理论与方法上几乎没有新的创新。经济与数学的交叉融合，理论与实践的相融相合在达到一定的程度之后也开始出现停滞。

---

① 这里所提的滞后指标并不是数学意义上的滞后指标。数学上的滞后指标是指有滞后效应的变量。

2.2　经济预警方法的相关研究

经济预警在经历一百多年的发展后，预警方法逐步丰富。其中最为代表的有景气指数法、多元统计方法、时间序列分析法、机器学习法等，方法由传统统计方法不断迈向大数据处理的智能计算方法。

2.2.1　景气指数法

景气指数法在众多预警方法里最先被中国学者尝试使用。其主要使用方法是把众多相关的经济变量，构建成综合或扩散的预警指数，利用时差相邻关系的传递性，对经济的总体运行情况起到监测预报的作用。该方法的主要思路是，首先确定基准循环，即时差关系的参照系；接着选好要构成的指标；再进而划分出先行、同步、滞后这三类指标；最后则是对先行、同步、滞后这三类指标，分别编制成扩散指数或综合指数。

国内很多专家学者运用景气指数法对经济预警进行了相关研究并取得了成功。最先在中国预警系统研究中开创景气指数法运用的当属袁兴林和黄运成（1988）这两位学者，它们分别运用 DI 和 CI 指数，以中国工业生产为对象，计算出了景气循环的基准日期。国家经济体制改革研究所（1989）从先行、同步、滞后这三类指标出发，较好的划分出 13 个先行指标，13 个同步指标以及 9 个滞后指标，并结合 DI 法测算出这三类指标的发展方向，最后得出了三组指标各自周期循环的基准日期。国家统计局统计科学研究所（1989）则通过设计 6 组监测预警的综合指数，并按照运行规律，将以上综合指数划分成五个灯区，并在经济循环周期波动过程中，描述其冷热状态。为了探究棉花的产销平衡状况及其生长状况，毛树春等（2005）也通过运用景气指数法，分别构造了棉花生产景气指数（CCPPI）和棉花生长指数（CCGI）。

2.2.2　多元统计方法

多元统计方法涵盖众多，其中包括多元回归分析、主成分分析、因子分析、聚类、判别分析、典型相关分析等。多元统计方法以其研究方法的成熟和数学软件的开发成为了众多科研者竞相运用的主要方法。多元统计一次次的被用于各领域的研究，并成功解决了各领域的相关问题和难点。

（1）回归分析方法的运用。Vijendra Kumar（1998）通过建立作物收割前和收割时产量的两个线性回归模型，即收割前一个月左右作物收益率的中间预警模型（IW）以及收割时作物产量的最终预警模型（FW），并分别对其做出了拟合和预测。Nantachai Kantanantha 等（2010）以在作物生长季节期间影响作物生长的降雨量和温度这两个因素为变量，在国内生产总值研究中将其作为评价宏观经济的一个新的指标，创造性的运用一个半参数回归模型，以一定时间为限，综合预测出该时间内作物产量的变化。

（2）判别分析。进行判别分析需在具备观测对象的分类已知和观测对象的特征通过若干个变量值表达的条件下，建立判别函数，运用贝叶斯或者费舍尔等判别规则对观测样本分类进行判别，并要求错判率达到最小。Edward I. Altman（1968）和 Edward I. Altman 等（1977）就先后运用了判别分析法，以财务比率为变量，对企业破产进行预测并建立了判别公司破产风险的模型。

（3）典型相关分析。Erkki K. Laitinen 和 H. Gin Chong（1999）在 *Early-warning system for crisis in SMEs：Preliminary evidence from Finland and the UK* 一文中就通过早期的两项独立研究实验得出的预警信号，采用相关分析法，建立预警中小企业危机的预警体系。这两项独立的研究实验分别在芬兰和英国进行，主要以中小企业中芬兰的企业分析师和英国的银行经理人为调查对象，探究两者在决策过程中可能导致企业危机的影响因素。这两项研究都由 7 个主因素和 40 多个副因素构成，并根据每一因素的重要程度赋予相应的权重。经过实证分析发现两项研究得出的结论相似。

（4）多元统计方法的综合运用。马九杰等（2001）从国家、家庭和个人三个层面出发，找出能评价粮食安全的各项指标，综合利用聚类分析、因子分析和主成分分析等方法，筛选出有价值的若干评价指标，进而构建出指标评价体系，在此基础上对警情、警兆、警限进行判定，并在警情出现时发现其中的原因，以便随时做出相应的行动，防患于未然。薛文珑（2006）先通过分析 1981～2004 年能反映海南省农业经济发展趋势的各项指标，对每项指标的增长速度进行处理；接着利用主成分分析方法检验各处理后的指标，从中筛选出能影响海南农业经济发展的 23 个因素变量；然后利用这些指标数据，综合运用时差相关分析、逐步回归分析、系统化原则等统计方法，建立预警系统。通过多种分析方法建立的预警模型，不仅给出了预警的具体步骤、分析方法和检验方法，而且还具备了预测功能；既起到了预警的效果，又能达到对实际结果进行检验的目的。

2.2.3　ARCH 模型

ARCH 模型是时间序列分析方法中一个重要的模型，该模型是在过去误差的基础上，解释未来预测中产生误差的一种行之有效的方法。ARCH 预警方法应用 ARCH 模型建立相应的预测模型，根据 ARCH 模型条件探寻出异方差的特性，进而确定能显示出 ARCH 特征的警限，从而使最终的预警结果能够比较真实地模拟经济运行的实际状况。于平福等（2002）在农产品预警指标系统已经构建的基础上，综合运用时间序列、灰色预测以及滞后变量这三大模型，对农产品发展趋势进行预测并构建了相应的模型，随后结合波动系数和系统化方法，确定了农产品预警系统的警度与警限；而且还综合采用马尔柯夫链和多级模糊综合评估法对农产品进行了综合评判和预测，最终建立起农产品的预警系统。

2.2.4 机器学习法

从模式识别角度对宏观经济进行预警是预警机器学习的主要特点。它包括由全部具有同等警度的预警样本组成的一个预警模式集，一个预警样本就是一个预警模式。预警指标选择子系统的过程，类似于模式识别系统中选择模式特征，该子系统的选择相当于模式识别系统中的模式分类过程。报警子系统类似于模式识别系统中识别错误并检查的过程。在研究粮食价格的问题上，机器学习就得到了很好的运用。先按照警情、寻找警源、分析警兆、预报警度的四个步骤，利用前述的系统化方法，筛选指标，建立粮食价格安全的指标体系，随后再利用支持向量机的方法，把粮食价格预警转化成机器学习型问题，把警兆指标作为输入变量，警度状况作为输出变量，基于经验风险最小化的原则，对粮食价格做出预警研究（吴璇，2003）。

人工神经网络（ANN）作为机器学习法的代表，不仅具备较好的模式识别能力，还可以摆脱传统的统计预警等方法中的限制。另外 ANN 方法具有较强的容错能力，不需要高规格的数据分布，同时还具备查找和纠正资料遗漏或错误的能力。其随时依据新的数据资料进行自我学习训练的能力、适时调整其内部储存权重参数从而使其能从容应对多变经济环境的能力都使得人工神经网络名符其实。Baoan yang（2001）将人工神经网络技术应用于研究商业银行贷款风险的预警中。他对如何通过人工神经网络获取相关信息和需要的各类指标进而作出预警均做了详细的介绍，并就 BP 神经网络模型演示了如何设计相应的决策工具。

2.2.5 综合评价法

综合评价方法是指运用若干个相关指标，对多个参评单位进行评价的方法，也叫多变量综合评价方法。它的使用过程是，将多个指标糅合成一个能够综合反映现实情况的指标并进行评价。如对不同国家经济实力的评价、各地区社会发展水平的评价等。该方法主要包括模糊评价法、数据包络法以及主成分分析法。汪晓银等（2006）就以主成分分析法为主，为研究中国蔬菜总产情况，先探寻出 13 个影响因素，并把这 13 个因素归成几个综合因素，从而建立了中国蔬菜总生产量的主成分回归模型。

总之，经济预警方法历经数百年的运用、完善与发展已渐趋成熟和完备。随着世界科学的发展及多学科的交叉融合，以上方法必将得到更好的发展。如今，经济预警方法在全世界 80 多个国家和地区得到运用和检验的事实，充分显现了蕴藏在它里面的作用与魅力。

2.3　农产品预警的相关研究

作为农业大国的中国，各种农产品安全问题牵动着人心，这关系到人民的生存与生活，更关系到国家的长治久安，因而建立相关的农产品安全预警系统势在必行。对农产品安全预警方面问题的研究，主要分为两条路线：一是从定性角度进行研究分析，这主要以经济原理为基础；二是从定量角度对农产品安全预警问题进行分析，这主要是在历史数据的基础上建立预测分析模型。其中，预警指标的构建一般多采用定性研究方法。

2.3.1　农产品预警定性的研究

农产品定性的研究主要涉及政策研究、指标体系理论探讨等方面。这类研究几乎都是从定性的角度出发，基于相关经济理论，对预警模型的建立和预警系统的运作等提出理论性的建议。

政策研究方面，李启波等（2007）从出现的"背时猪""伤心菜"等实际现象出发，探寻了品贱伤农[①]的根源。他得出，农民的组织化程度低、缺乏预警和应急机制以及信息不对称与信息滞后是隐藏在天气因素及供应环节等表层原因下的根本原因，并提出若干对策建议，包括需要不断对农业产业的结构进行调整、省级政府做好统筹规划制定标准并做好信息服务、县级政府应根据地域优势发展特色农业、乡镇社发展自主品牌、农民树立风险意识并不断创新

---

① 品贱伤农包括"谷贱伤农""菜贱伤农"等，是指当农产品丰收时，产品价格大幅度下降，从而出现增产不增收的现象。这种现象在柑橘产业里表现尤为明显。

等。赵瑞莹和贾卫丽（2004）从经济学中的供求理论出发，对农产品的市场风险建立预警系统进行了理论分析，提出了应如何应对农产品出现市场风险警情时的对策建议。

在预警指标体系的理论研究方面，柏继云等（2007）运用时差相关的定性研究方法对黑龙江省大豆预警指标体系做了理论上的探讨。首先他研究了预警所需的多项原则即重要性和代表性、全面性以及可操作性、及时性，接着从警情、警源和警兆这三个层面，构建了该农产品生产的指标体系。黑龙江大豆产量的增长率即为警情指标；警源指标则囊括了国内分配、国内生产、国外输入和自然灾害等；警兆指标则包括大豆的生产面积、该省的人口增长率、大豆单位产量内的收入及价格指数等。

可以看出，仅仅从定性的角度分析经济预警系统的理论构造原理，忽视了其因素在供需动态变化和市场价格中进行变动的研究，容易造成实践执行力不足的缺陷，研究结论也难以有说服力。

2.3.2　农产品预警定量的研究

近年来，对农产品安全预警方面的定量研究的成果日益增多，研究领域不断扩大，研究手段不断创新。通过量化预警农产品的市场风险，提醒世人加强对农产品安全的警惕，对于农业生产有着重要的意义。农产品安全预警应该是以定量分析为主，结合定性分析，运用综合规范分析与实证分析的方法，可以从多个角度分析农产品市场的风险管理，包括农产品的生产与供给、消费、价格、进出口、加工等。

（1）农产品生产与供给安全的研究。农产品生产安全主要是涉及农产品的产量。Amer Z. Salman（2001）通过建立包含了降水量、月均气温、耕地面积等解释变量的小麦产量预测模型对小麦的安全环境进行了评估。张勇等（2004）从国家和地区这两个角度对粮食安全进行了研究。晋奇（2006）以河南省为例，运用灰色关联度的方法，结合趋势产量法对粮食产量做出预测，建立了预警指标的信号灯，最终构建了预警系统。水果作物产量预测等方面模型的研究在众多学者中也有体现。其中不少学者面对果树隔年结果，导致收益滞后的现象，做了相应的研究，并提出了较好的处理建议（叶旭君等，2010）。

（2）农产品需求量预测预报的研究。对农产品需求量进行预测的研究方法中，部分学者运用单变量的时间序列预测方法，其中在吴金环和傅泽田（2004）的研究中得到体现。另外对农产品需求量进行预测时，也有部分学者结合了前文做产量预测时采用的综合模型分析法进行研究。张晶与李江风

（2006）对广西耕地的需求量进行了预测，其中就综合借鉴了粮食需求和灰色关联分析等预测法。近些年来，一些新颖的研究方法也被一些学者采纳并运用，例如混沌时间序列分析法（操张进，2011）。但是这些方法的运用主要是单变量的独立预测，主要适用于环境相对稳定的需求预警中，如若在环境变动频繁、关联因素波动等的状况下，此方法显然不适宜。

（3）农产品价格预警的研究。价格是个多面手，它作为一个桥梁把农产品的供需以及出口联系起来，但在预测农产品价格的研究思路上大致有两种流派。第一种流派是单序列数据的拟合预测。Olga Isengildina 等（2006）、Olga Isengildina 等（2003）属于这种流派的代表。Dwight R. Sanders 和 Mark R. Manfredo（2006）采用时间序列方法预测大豆的交易价格，其中以历年大豆相关数据为依据，分别建立了指数平滑法、自回归移动平均线法以及向量自回归方法，预测大豆价格。另一种流派是通过构建价格预警系统对价格进行预测预报。吴璇（2003）做过这方面的研究，他与几位专家学者如吕新业等大致采用了相似的研究方法，包括确定四个步骤，基于系统化方法选取与粮食价格安全有关的指标，构建粮食价格安全指标体系。不同之处是预警方法运用的创新，他选择了支持向量机的方法，最后在经验风险最小化的前提下，进行粮食价格的预警研究。

（4）在进出口预警体系建设上，众多学者进行了相关的研究分析。朱丽萌（2007）构建了与农业产业安全相关的若干个指标，在给出的警限范围内，以对未来农产品进出口、粮食需求与供给预测为基础，计算出与其相关的五个指标的预测值。汪晓银和祁春节（2011）在中国柑橘出口量的研究中，将中国柑橘出口量与六个影响因素，包括人民币汇率、生产成本、世界经济水平等建立联系并确定指标后，建立主成分对数线性回归模型，其结果显示人民币汇率对柑橘出口量的影响最为显著，即人民币汇率每升值一个百分点，中国柑橘出口量将下降 0.498 个百分点。

（5）农产品加工方面的研究。加入 WTO 后，中国农产品加工业地位逐渐提高，自 2001 年农产品加工业产值在农业产值中的比重就高达 85%，特别是近几年来，平均每年以 10% 以上的速度在增长，并已成为助推中国农业发展的关键力量。张霞（2007）、田文娟（2012）、李红（2008）、杨艳涛（2009）等均对农产品加工中出现的问题进行了研究，认为建立该产业的预警系统势在必行。沈瑾和刘清（2008）首先指出了构建加工预警体系的重要意义，随后设计了该预警体系的基本框架及技术路线图。但农产品加工方面的研究主要是基于加工政策和食品安全的角度，运用现代数学先进方法的较少，但也有少量学者运用了定量方法（楚君，2013），但并没有涉及加工量的预测预报。

（6）农产品供需平衡方向的研究。实现农产品的供需平衡，是维持市场经济高效有序运行的前提之一，因而对该领域的研究也是相当重要的。中国学者大都从定性分析的角度分析中国农产品供需平衡表现的特点、存在的问题，进而提出相关的政策提议，如马晓河等（2003）、席玉坤（2010）、袁志清（2001）等。但也有少数学者用定量的方法对农产品的供需平衡进行了研究，例如冯彪和徐兆亮（1995）利用兰州市历年市场上蔬菜的数据，建立了线性规划优化模型，并对蔬菜市场如何实现合理的蔬菜调入与调出提出对策；汪晓银（2004）运用主成分分析法、典型相关分析及灰色系统等方法，对中国蔬菜的生产、消费与贸易进行研究，对中国蔬菜的供给、销售和进出口等进行预测，据此对蔬菜产业的供需平衡进行了研究；孙凤（1997）以研究中国粮食产需波动为初衷，对粮食供求中的各项指标增长状况进行分析，探寻出中国粮食需求量一般维持在 2% ~ 3% 的增长率，据此建立了粮食产量增加时出现的警情和警限系统。

2.4 文献述评

显而易见，大宗农产品市场预警的研究还是比较多，从生产供给、消费需求、价格、进出口贸易等多个方面都进行过研究，也取得了丰硕的成果，为农产品安全作出了贡献。然而学术的研究是永无止境的，相对于中国现在这样一个正处于转型期的日新月异的国家，多种经济因素之间的变动关系也在悄然发生变化，它们之间相互交织相互影响且错综复杂。因此，农产品市场预警的研究应该与时俱进，推陈出新。

从事农产品安全预警的研究比较多，但从事柑橘市场预警系统研究的学者非常少，这个领域很少人涉及。在改革开放以后中国柑橘产业发展速度很快，无论从种植面积还是生产产量上都在快速扩张，目前中国已经成为世界柑橘生产第一大国。中国柑橘种植幅员辽阔、品种较多，产品之间差异性较大，气候、政策和价格因素对柑橘产量影响较大。柑橘市场特别是柑橘销售价格、对外贸易和国内消费市场存在较大的波动性和风险性。因此很有必要进行柑橘市场预警研究，这对于中国这样一个人口众多、人均资源占有量少，且正处于工业化加速期的发展中国家来说具有重要的现实意义。

预警问题首先应该是产品的供需平衡问题，是个预测问题。而国内外的文献在研究供需平衡问题方面，一般是孤立地进行产量、需求模型的建立和预测，并没有把影响供需两方面的多个因素及其影响变量建立一个系统。能够将两者放在一起进行组合预测的研究非常少，即使有这方面的研究也只是考虑了价格、供给需求和进出口等，建立的模型一般只考虑某一领域或者某一方面，并没有考虑到经济因素之间的相互关联相互制约的动态关系。

近些年来，在农产品市场预警方法、思路上的创新研究几乎处于停滞状态，这与农业主管领导和专家的期盼形成鲜明反差。农产品市场预警的优秀研究成果主要集中在 20 世纪 90 年代末的那一段时间里。已建立的预警模型虽然开始向支持向量机、神经网络等智能算法迈进，但模型主要还是属于单方程模型或者单因素模型。现有的农产品预警研究成果中的市场预警指标体系很少将科技进步率、市场化、城镇化、加工量等因素考虑在预警系统内；也很少有学者将诸多的指标建立成一个相互制约的联立模型。这样就使得做出来的预警模型缺少了重要的因素支撑以及有效的数学方法，从而导致预警并不可靠。

而中国柑橘产业需要及时、准确地从国家层面上把握柑橘供求基本态势，并根据相关动态因子的变化对柑橘供求的未来趋势做出超前判断，从而为国家有关主管部门实施正确的宏观管理提供可靠依据，以便适时、适度地采取调控措施，达到有效保障柑橘市场安全的目标。

多年来，政府对柑橘生产供给的宏观调控，基本上属于追踪型的调控。这种调控的缺陷主要是调控的事后性和被动性。为克服跟踪调控的缺陷，就要将柑橘生产供给的宏观调控方式由跟踪调控转变为预期调控。预期调控是根据对柑橘生产供求的预测，先期采取措施，防止或弱化风险的幅度。而建立和完善柑橘市场预警系统正是实现柑橘调控由追踪型向预期型转变的关键。柑橘市场预警系统是国家宏观经济预警的组成部分。柑橘是重要的基本生活品和主要工业原料之一，柑橘销售价格是构成居民消费价格指数 CPI 重要组成部分。因此柑橘供需的波动会影响到其他部门的价格变化。因此，建立和完善柑橘市场预警系统对于完善宏观经济预警体系，减少经济波动的强度，避免整个经济系统的严重震荡具有现实意义。

鉴于此，本书在收集柑橘种植面积、产量、价格、进出口、消费的动态数据的基础上，运用统计的方法，建立中国柑橘市场预警指标体系，从生产、消费、价格、进出口等各个角度建立柑橘市场预警子模型，并运用模型预测预报未来柑橘各项指标的发展动态，为政府部门决策提供参考。

本书的研究思路是，从经济学的角度，探索中国柑橘产业包括生产、内需、进出口、加工等领域的内在规律及其政策含义，形成中国柑橘市场预警的分析框架，为柑橘经济发展提供参考。具体目标是：第一，找出中国柑橘生产、国内消费、进出口、加工等的影响因素，探索出它们之间的内部联系与互动规律；第二，用数学建模的方法建立中国柑橘生产模型、国内消费模型、进出口模型、加工模型等，寻找先期指标，为柑橘预警作好基础；第三，预测出中国柑橘生产潜力和国内消费最大容量，为预警作基础；第四，设置中国柑橘预警指标体系和预警标准，并对中国柑橘进行预警计算和分析；第五，创造新的预警方法，建立新的预警模型。

2.5　本书的理论框架

鉴于前面的文献综述，本书将在吸收前人优秀成果的基础上，提出了中国柑橘市场预警指标体系构建框架和模型构建框架。

2.5.1　柑橘市场预警指标体系构建框架

农产品市场预警需要考虑多方面的因素，要设置能反映市场预警的关键指标，柑橘市场预警也不例外。除了国内外学者常用的供需指标外，本书需要增设加工因素方面的指标；还有为了考虑整个国家的宏观经济大局面对柑橘产业的影响，本书设置了宏观经济指标。考虑到各个指标的重要性和相互关联的互动关系，本书把柑橘市场预警的指标分为三个层次，即核心层指标、辅助层指标和制约层指标。

核心层指标就是柑橘市场预警最直接的指标，它的大小直接反映出柑橘供需发展状况以及市场行情。这些指标变量主要有柑橘供给量、柑橘产量、柑橘国内鲜果消费量、柑橘进出口量、柑橘加工量、柑橘浪费量、柑橘库存量。它们是构成供需平衡最直观的指标变量。

辅助指标是柑橘市场预警中活跃的指标变量，它对柑橘核心层指标有直接的干扰。这些指标变量主要有柑橘收购价格、柑橘销售价格、柑橘加工品价格、柑橘进口价格、柑橘出口价格。这些指标变量对于预警结果而言并不直观，但它们的变动能够影响核心变量的变动。因此辅助指标有时可以作为判断市场预警变化的判断指标。

制约指标既能影响核心层指标也能影响辅助指标。制约指标的选取基于两点考虑，即宏观性和可控制性。宏观性指标的经济度量是不完全依赖于柑橘产业，而是包含柑橘产业在内的整个社会经济综合决定的。可控制性指标是橘农或政府可以进行控制的。因此在本书的指标体系设置中把它们作为外生变量。这些指标可包括居民可支配收入、柑橘竞争力、柑橘劳动力投入量、城乡差距、替代品价格、物价指数、中国 GDP、城镇化进程、WTO、人民币汇率、生产成本、柑橘科技进步率、农民受教育程度、受灾状况、市场化水平、交通状况、农业财政支持、世界经济水平等。

总结上面的论述，得到预警指标体系的框架表，见表 2-1。

表 2-1 中国柑橘市场预警指标体系

指标属性	核心层指标	辅助层指标	制约层指标
指标名称	供给量、产量、柑橘国内鲜果消费量、进口量、出口量、加工量	柑橘销售价格、进口价格、出口价格、加工品价格	居民可支配收入、种植面积、市场化水平、交通状况、受灾情况、农业财政支持、柑橘科技进步率、柑橘竞争力、柑橘劳动力投入量、城乡差距、恩格尔系数、物价指数、边际消费倾向、城镇化进程、柑橘替代品价格、生产总成本、人民币汇率、世界经济水平、中国贸易环境、WTO、人均GDP、工业化水平、农民受教育程度

核心层指标都属于经济学中的内生变量，它们内部之间可以相互影响，也可以影响其他的变量。辅助指标是联系核心层指标的纽带，而制约指标变量内部之间不相互影响，也不受其他层指标变量的影响，但它能影响其他层的指标变量。三层指标共 33 个变量的经济学含义将在第 4 章进行阐述。

2.5.2 柑橘市场预警模型 CCEWM 构建框架

本书的主要理论框架是供需平衡理论，即总供给等于总需求。为此需要建立多个模型支撑预警模型体系。为叙述方便，本书将预警模型中的子模型划分为主模型和辅助模型。

图 2-1 中显示，柑橘市场预警模型构架分为两大板块，即总供给和总需求，即 $GQ_t = XQ_t$。供给板块里包含了供给量模型和进口量模型[①]。需求板块里包含了国内鲜果消费量模型、出口量模型和加工量模型。需要说明的是，提供市场库存量数据的只有 FAO，且仅提供了 2002～2004 年的数据，这仅有的数据显示库存量相对于柑橘产量来说比例极小，因而在模型构建时忽略了库存量的变化。浪费量的数据根本无法获取，只能通过供需平衡的差额得到；而且浪费量到底受到哪些因素的影响，目前没有学者进行探讨。因此，本书也不研究浪费量模型。

---

① 参考相关文献发现，产量与市场的关系没有供给反映得紧密。这里本可以不需要研究柑橘进口模型，但为了后面研究产量的变化，需要运用 $Y_t = GQ_t - \Delta KQ_t - IQ_t$ 来计算产量的预测值。

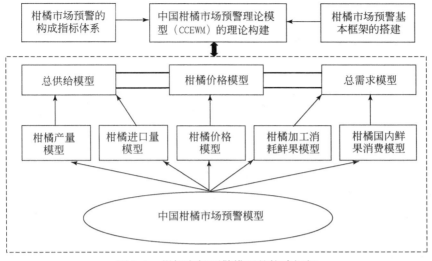

图 2-1　柑橘市场预警模型的构建框架

　　为了反映预警与辅助变量的变化规律，同时为柑橘预警找到先期或同期预兆指标，还需要建立辅助模型。供需之间的联系用价格模型作为纽带，于是设想的辅助模型有柑橘销售价格模型①、柑橘进口价格模型、柑橘出口价格模型、柑橘加工品价格模型以及居民可支配收入模型。

---

① 柑橘销售价格就是柑橘收购价格，解释见本书第1章第1.1.1节。因此本书不单独做柑橘收购价格的模型。

第3章
中国柑橘市场预警理论模型的建立

中国柑橘市场预警就是要通过一些先期指标和部分同期外生指标的变动，能够预知其他内生同期指标和后期指标的变动情况，从而得知供需缺口变动趋势以及变动产生的内在原因，为柑橘生产、消费、进出口制定相应的对策提供依据。

在市场经济里，生产者、消费者是理性的。他们会根据市场发出的预警信号以及其他相关的信息，对柑橘市场价格和市场需求等不确定性因素变动趋势进行推断与估计，根据未来市场的预期情况决定下一年生产决策。

本章结合第2章的理论框架，运用预期理论模型和局部调整模型，力图建立由供给、消费、进口、出口、加工等主模型以及收购价格等辅助模型构成的联立方程组模型（统称为中国柑橘市场预警模型）。模型的构建要能够反映多个内生变量之间的经济关系，也要反应柑橘这个产品独特的性质，从而从理论上阐述模型构造的原理和步骤，为下一步实证奠定基础。

需要说明的是，为模型书写的方便，在预警模型中的子模型中可能重复一些系数的符号，例如 λ，δ，r，α，β 等，但它在不同模型中表达含义并不一样。

3.1 柑橘市场预警模型的假设

模型的构建需要一些假定，这些假定既要符合经济学理论，又要有利于模型的计算和运用。本书的中国柑橘市场预警模型的基本假设主要围绕子模型的构建而展开，包括柑橘供给量模型的假设、柑橘国内鲜果消费量模型的假设、柑橘进出口量模型的假设、柑橘加工量模型的假设、柑橘销售价格模型的假设、柑橘进出口价格模型的假设以及柑橘加工量价格的假设。

3.1.1 柑橘供给量模型的假设

假设1：柑橘的预期供给量与同期价格密切相关。根据供给理论，在市场经济条件下，如果柑橘的预期价格高，生产者就愿意扩大生产，向市场提供产品，供给量就会提高；如果柑橘预期市场价格低，有些生产者就会退出柑橘生产，转而生产其他利润高的产品，从而导致柑橘市场供给量减少。

假设2：中国柑橘的预期供给量与滞后三期内价格也密切相关。柑橘是不同于棉花、粮食的农产品，一般来讲，柑橘树栽种后需要3~4年才会挂果。在市场经济形势下，柑橘生产者种植柑橘的行为是自由的。一旦发现柑橘销售价格低于自己的期望，而土地的机会成本又高于柑橘种植的收益，一些柑橘生产者会砍掉柑橘树，从而影响当年及以后柑橘的产量。如果发现柑橘收购价格高于自己的期望，其他农产品生产的机会成本又低于柑橘种植的收益，柑橘生产者很有可能种植柑橘。但这至少需要三年后才能见到成效。为计算简便，本书只选取滞后三期的价格进入到模型中，用以描述柑橘种植户的先期行为。

假设3：柑橘生产者价格不是影响柑橘供给变化的唯一因素。根据第2章的文献综述以及经济理论，除了价格外，柑橘供给量（GQ_t）还与柑橘生产面积（S_t），柑橘生产过程的要素投入成本（C_t，劳动力、物质费用投入），柑橘生产和加工的技术进步率（θ_t），柑橘加工品价格（GP_t），市场化（SC_t），交通状况（JT_t），灾害（ZH_t）以及农业财政支持（NZ_t）等有关。除此之外，柑橘供给量还很有可能与这些变量部分滞后变量有关。

假设4：柑橘供给量与其影响因素之间是对数线性相关关系。在经济模型中，柯布-道格拉斯函数一直以弹性稳定、操作简单、解释明晰而得到广泛应用。本书中中国柑橘供给量与其影响因素之间假定是对数线性关系。这样拟合出来的系数就是供给量对各因素的弹性。同样，柑橘国内鲜果消费量与其影响因素之间、价格与其影响因素之间、进出口与其影响因素之间、加工量与其影响因素之间均选择对数线性模型。

假设5：中国柑橘供给量中的库存变化量可以忽略。根据柑橘供给量的定义，柑橘的供给量（GQ_t，单位：万吨）为柑橘鲜果的生产总量（Y_t）、柑橘的库存量变化量（ΔKQ_t）和柑橘的进口量（IQ_t）之和，即 $GQ_t = Y_t + \Delta KQ_t + IQ_t$。但根据 FAO 数据库提供的数据显示，柑橘库存变化量占柑橘产量的比例非常小，一般不超过 0.04%。因此，库存变化量对柑橘的供应几乎不起什么作用，为简化研究，在此省略库存量的变化。

3.1.2 柑橘国内鲜果消费量模型的假设

假设6：柑橘国内消费与当期和滞后多期居民收入密切相关。根据消费理论，国民收入决定着居民的消费能力和消费支出。有支出能力的居民才有能力和欲望购买柑橘产品。虽然中国年轻一代消费观念开放，消费能力较他们的父辈强，但毕竟中国还不富裕，社会养老保险、医疗保险体系并没有完全建立，子女教育费用高昂，再加上父辈们勤俭节约省吃俭用的宣传教育，中国的国民特性还是属于消费谨慎型的。另外，居民对未来生活的风险认识也会影响消费。中国现在处在一个变革的时代，许多事物变化令人目不暇接，这就更加加剧了人们的烦躁和对未来的不可预知性。在这种情况下，绝大多数没有"拼爹"依靠的消费者只能谨慎消费。如果消费者的收入长期有保障，消费者对未来可以预知，柑橘鲜果消费也就会有保证。因此假设当期的居民消费能力不仅与当期的收入密切相关，还与滞后（先期）多期的收入有关是比较符合中国社会实际的。

假设7：柑橘国内消费与当期柑橘销售价格密切相关。价格是市场经济中"看不见的手"。作为理性消费者，结合自身的消费偏向选择适合自己的消费产品是市场经济的特征所在。根据国家柑橘产业技术研发中心产业经济研究室近些年来的调查资料显示，中国柑橘消费价格是平稳性波动，十几年来的柑橘实际价格并没有增长。在中国，吃饱穿暖是人们的基本生活需求，柑橘并不是人们食品消费的必需品和首选。虽然近年来中国经济发展迅速，人们收入增加，但对于一般居民而言，柑橘还是属于一种奢侈品，一般消费者的购买能力相对于柑橘销售价格而言还是显得不足。例如赣南脐橙，一般市场价格 6~8 元 1 千克，每千克也就两三个，平均一个柑橘 2~4 元，对于一般收入的人群来讲难以大量消费。再加上中国水果品种丰富，柑橘消费可替代性较强，从而导致中国消费者对柑橘销售价格的敏感程度较大。因此，柑橘国内鲜果消费量与柑橘销售价格密切相关是必然的。

假设8：柑橘销售价格与收购价格成比例。柑橘是重要的水果，但国家并没有公布统一的柑橘的销售价格。各地水果市场价格差异大且品种较多，品质也不一致，柑橘销售价格无法核算统计。因此，我们假定，中间商所获利润与生产者价格的比例是固定的。这样在统计计算中就可以用收购价格替代市场销售价格，而且不影响模型的结果。

假设9：柑橘国内鲜果消费量还与其他因素如消费偏好等有关。根据前人以及第2章文献综述的研究结论，中国柑橘国内鲜果消费量除了与柑橘销售价格、居民收入有关外，还与其他经济因素有关，例如恩格尔系数（EC_t）、边际消费倾向（MC_t）、市场化水平（SC_t）、城镇化进程（CZ_t）、交通状况（JT_t）、消费支出（CS_t）、物价指数（CPI_t）等。

假设10：消费者对柑橘需求的提升与柑橘品质的提升之间的比例是固定的。随着生活水平的提高，居民对柑橘的营养及保健功能的认知程度以及对柑橘品质如口感、外型、颜色的要求日益提升。科学技术的进步以及国家对食品安全监测力度的加强，柑橘科技工作者和柑橘生产者一直在努力提高柑橘消费的安全和营养。但由于国家没有公布关于这方面的相关数据，也由于柑橘品种较多，地区差异大，品质层次不齐而无法进行深入研究。因此在这里我们假定人们对柑橘需求的提升与柑橘品质的提升之间的比例是固定的，即不考虑柑橘质量对消费量的影响。

3.1.3 柑橘进出口量模型的假设

假设11：中国柑橘进口量的预期值依赖于进口价格，出口量的预期值依赖于出口价格。根据国际贸易理论，吸引贸易商从事国际贸易的动机是获取销售利润。进出口价格就是获取销售利润的直接因素。除此之外，柑橘进出口量还可能与人民币汇率（R_t）、柑橘生产成本（C_t）、世界经济水平（WJ_t）、中国柑橘产量（Y_t）、中国贸易环境（HJ_t）、是否加入 WTO、人均可支配收入（I_t）、中国国内经济环境（GDP_t）及居民消费价格指数（CPI_t）等有关。

假设12：假定中国进出口的产品是同质同类产品。柑橘不仅品种多而且产品差异大，不同质不同类的产品研究非常复杂。由于本书只研究柑橘大类，并没有分品种研究，因此，为了研究能够顺利进行，在此认为中国进出口柑橘产品无差异，这样就有利于研究进出口量与其影响因素的关系。

3.1.4 柑橘加工量模型的假设

假设13：柑橘加工量①（JQ_t）主要依赖于柑橘加工品的预期价格（GP_t^*）。中国柑橘加工品主要是柑橘罐头和橙汁，但作为主要加工品的橙汁，中国的加工量很小。主要原因是中国很少有专门生产橙汁的柑橘产品，厂家一般是购买残次果进行橙汁加工，这样不仅导致橙汁质量难以保障，也增加了成本投入。如果橙汁及罐头销售价格高，成本利润率高，柑橘加工厂家还是愿意进行柑橘加工的。因此，柑橘加工橙汁罐头消耗柑橘量依赖于橙汁罐头的预期价格的假设是合理的。

假设14：柑橘加工消耗量还与其他因素有关。除了柑橘加工品销售价格外，柑橘加工消耗量还受到农产品加工的工业化水平（GY_t），柑橘销售价格

---

① 柑橘加工量是指生产柑橘罐头橙汁等加工品消耗柑橘源产品的数量，不是指柑橘罐头等加工品的数量。

（ SP_t ），农民受教育程度 （ WH_t ） 等因素的影响。

3.1.5　柑橘预警模型辅助模型的假设

假设15：柑橘的销售价格主要受到供需平衡下柑橘的均衡产量的影响。价格是由供需双方博弈产生的。在供需平衡条件下，市场达到均衡，此时供给量与需求量相等。由于消费量受到许多模糊信息的影响，例如损耗量、加工量，这些数据的获取很难精确，因此在这里用均衡条件下的柑橘供给量作为均衡产量的替代是可以的。

假设16：柑橘的销售价格还要受到其他因素如进出口量的影响。除了供需平衡条件下的柑橘供给量外，柑橘销售价格也受其他多种因素的影响，如柑橘的进口量 （ IQ_t ）、出口量 （ EQ_t ）、加工品（果汁、罐头）的价格 （ GP_t ）、替代品（如苹果、香蕉、葡萄、菠萝等营养价值和功能具有一定的相似性的水果）的价格 （ TP_t ） 等因素。

假设17：柑橘的进出口价格主要受到柑橘贸易平衡下柑橘进出口量的影响，同时还可能受到其他因素的影响。柑橘进出口价格是由贸易双方博弈产生的。在贸易平衡条件下，市场达到均衡，此时供给量与消费量相等。由于进出口量是维系柑橘供需平衡的重要力量，对柑橘整个市场起着调节作用。在国际贸易中，依据国内外柑橘产量的变动判断柑橘进出口的可能数量，从而影响柑橘进出口价格是一个普遍现象。近些年来，中国柑橘进出口量剧增但贸易额并不同步增长，说明进出口价格由预期进出口量所影响。

另外，柑橘进出口价格可能还受到其他因素的影响。进口价格可能会受到消费量、国内销售价格、加工品价格、国民可支配收入、替代品价格的影响。出口价格可能会受到柑橘国内产量、国内销售价格、加工品价格、世界经济水平和替代品价格的影响。

假设18：柑橘加工品价格与供需平衡下的加工量有关，还可能与其他因素有关。与销售价格的原理类似，价格是由供需双方博弈产生的。在加工品供需平衡条件下，市场达到均衡，此时加工品的供给量与需求量相等。由于需求量大小随机性强，数据难以准确得到，因此在这里用均衡条件下的柑橘加工消耗柑橘量作为均衡加工品的替代也是可以的。另外，加工品的价格可能还与柑橘销售价格、供给量、替代品价格有关。

3.1.6　其他经济因素的假设

假设19：柑橘市场预警模型不考虑金融危机的影响。1997 年的亚洲金融危机和 2008 年的世界范围内的次贷危机和金融危机给中国经济带来了负面的影响。中国政府积极采取措施，出台一系列经济刺激方案，拉动内需，加大投资，阻止了经济下滑的趋势。经济上的刺激方案没有使得经济数据出现波动，例如出口量等。人民币汇率的变动和世界范围内的经融危机也没有使得中国柑橘对外出口量出现大的下降。正是考虑到积极地应对政策弥补了金融危机的危害，因此本书将不考虑金融危机的影响，更不考虑经济刺激政策对于市场预警的影响。

假设 20：由于数据的限制，本书不考虑关税水平、农产品出口额、国内与国际农产品价格差、进口集中度、国外农产品竞争优势、国外对农产品的保护力度等因素。

假设 21：不考虑柑橘品种的差异性。通过查找文献得知，柑橘加工量还与柑橘品种有关，因为加工产品主要为甜橙，葡萄柚，宽皮柑橘。而中国柑橘市场主要呈现为农户小面积种植，品种繁杂，没有具体的权威数据，故在此不考虑柑橘品种的差异性。

假设 22：假设柑橘种植面积、柑橘产量等变量为外生变量。经济模型中讲究内生变量和外生变量的设定。一个变量是将其定位内生还是外生，主要是根据研究的目的或者这个变量在经济模型中所起的作用而定。例如，柑橘种植面积这个变量，种植面积本身是受到很多因素的影响，本应该是个内生变量。但本书的重点是研究供需平衡下的预警问题，构建种植面积方程与本书建立市场预警模型的初衷并不相配。中国人多地少，种植农作物不可能改动过于频繁，果树又不像蔬菜水稻作物，当年种当年收，而它是一年栽几年后才有收获。所以本书假设柑橘种植面积是外生变量是合理的。因此本书假定柑橘种植面积、市场化水平、交通状况、科技进步率、居民可支配收入、城镇化进程、柑橘替代品价格、柑橘生产总成本、人民币汇率、世界经济水平、中国贸易环境、农民受教育程度等为外生变量。

3.2 柑橘市场预警主模型的建立

柑橘市场预警模型包括 5 个主模型，即柑橘供给量模型、柑橘国内鲜果消费量模型、柑橘出口量模型、柑橘进口量模型和加工消耗柑橘量模型（简称加工量模型）。

3.2.1 柑橘供给量模型的构建

柑橘供给量是指能够向国内消费者提供的柑橘鲜果量。它包括柑、橘、橙、柚等相关产品的供给量之和。

在利益最大化的驱动下，柑橘供应主要依赖于柑橘的收购价格（也称为生产者价格）SP_t。由于柑橘树栽下之后，需要 3～4 年才能挂果，因此，一旦某年的价格低于柑橘生产者的预期时，柑橘生产者有可能退出柑橘生产，转而改种其他作物。于是将影响今后 3～4 年的产量。在这种情况下，柑橘生产者的目标供给量 GQ_t^* 就依赖于前 T（柑橘可定为 $T=3$）期（不含当期）价格[①]，即 SP_{t-1}、SP_{t-2}、SP_{t-3}，依据假设 1、假设 2、假设 4，得到柑橘预期供给量的函数为：

$$\ln GQ_t^* = \alpha_0 + \sum_{i=0}^{T-1} b_i \ln SP_{t-T+i} + e_t \qquad (3\text{-}1)$$

式中，e_t 是随机误差，表明除了价格之外的其他影响柑橘供给量的因素的综合量，要求 $e_t \sim N(\mu, \sigma^2)$。

GQ_t^* 是目标供给量，不可观测。由于生产条件的波动，生产管理以及其他不可预知的原因，柑橘供给量 GQ_t 的实际变化量只是预期变化量的一部分。

柑橘供给量按照预定水平逐步进行调整，故有如下局部调整假设：

$$\ln GQ_t - \ln GQ_{t-1} = \delta(\ln GQ_t^* - \ln GQ_{t-1})$$
$$\text{或写成} \quad \ln GQ_t = \delta \ln GQ_t^* + (1-\delta)\ln GQ_{t-1} \qquad (3\text{-}2)$$

式中，δ 为调整系数，$0 \le \delta \le 1$。通过调整系数可以减少实际供给量与预期供给量的差距。将（3-2）式代入（3-1）式，得到柑橘实际供给量为：

$$\ln GQ_t = \delta\alpha_0 + (1-\delta)\ln GQ_{t-1} + \delta \sum_{i=0}^{T-1} b_i \ln SP_{t-T+i} + \delta e_t \qquad (3\text{-}3)$$

进一步简化得到柑橘供给量模型：

$$\ln GQ_t = \beta_0 + \beta_1 \ln GQ_{t-1} + \beta_2 \ln SP_{t-3} + \beta_3 \ln SP_{t-2} + \beta_4 \ln SP_{t-1} + \beta_5 \ln SP_t + \delta e_t$$
$$(3\text{-}4)$$

式中，$\beta_0 = \delta\alpha_0$，$\beta_1 = (1-\delta)$，$\beta_2 = \delta b_1$，$\beta_3 = \delta b_2$，$\beta_4 = \delta b_3$，$\beta_5 = \delta b_4$。

3.2.2 柑橘国内鲜果消费量模型的构建

柑橘国内鲜果消费量是指国内消费者家庭购买柑橘的数量和在外用餐柑橘国内鲜果消费量之和。这个消费量是指鲜果消费量，不包括加工成罐头橙汁等食品消耗的柑橘鲜果量以及用作其他用途（如药材、化妆品等）的柑橘鲜果

---

① 当期价格由供应量与需求量在均衡情况下决定。在当期收购价已经形成时，供应量已经形成而无法随之变动。生产者往往会根据往年柑橘的价格调整当年的生产品种和规模。

消费量。

柑橘国内鲜果消费量 CQ_t 主要是与柑橘的市场销售价格 P_t 以及居民的可支配收入 I_t 有关。

根据假设 4、假设 6、假设 7，建立柑橘预期的消费量 CQ_t^* 表达式为：

$$\ln CQ_t^* = a_0 + a_1 \ln SP_t + \sum_{i=0}^{\infty} b_i \ln I_{t-i} + \mu_t \tag{3-5}$$

运用科伊克（Koyck）变换，假设 b_i 随滞后期 i 按几何级数衰减，即

$$b_i = b_0 \lambda^i \tag{3-6}$$

式中，$0 < \lambda < 1$，称为分布滞后衰减率，$1 - \lambda$ 称为调整速率。

将（3-6）式代入（3-5）式得：

$$\ln CQ_t^* = a_0 + a_1 \ln SP_t + b_0 \sum_{i=0}^{\infty} \lambda^i \ln I_{t-i} + \mu_t \tag{3-7}$$

滞后一期并乘以 λ，得：

$$\lambda \ln CQ_{t-1}^* = \lambda a_0 + \lambda a_1 \ln SP_{t-1} + b_0 \sum_{i=1}^{\infty} \lambda^i \ln I_{t-i} + \lambda \mu_{t-1} \tag{3-8}$$

将（3-7）式减去（3-8）式得科伊克变换模型：

$$\ln CQ_t^* - \lambda \ln CQ_{t-1}^* = (1 - \lambda) a_0 + a_1 \ln P_t - \lambda a_1 \ln P_{t-1} + b_0 \ln I_t + \mu_t - \lambda \mu_{t-1}$$

整理得：

$$\ln CQ_t^* = \lambda \ln CQ_{t-1}^* + (1 - \lambda) a_0 + a_1 \ln SP_t - \lambda a_1 \ln SP_{t-1} + b_0 \ln I_t + \mu_t - \lambda \mu_{t-1} \tag{3-9}$$

由于 CQ_t^* 与 CQ_{t-1}^* 是预期国内消费量，无法观测。同时由于市场的波动、营销渠道以及国民经济的发展等方面的原因，消费量的实际变化量是预期变化量的一部分，设置如下局部调整假设：

$$\ln CQ_t - \ln CQ_{t-1} = \delta(\ln CQ_t^* - \ln CQ_{t-1})$$

也可写成：

$$\ln CQ_t = \delta \ln CQ_t^* + (1 - \delta) \ln CQ_{t-1} \tag{3-10}$$

滞后一期得：

$$\ln CQ_{t-1} = \delta \ln CQ_{t-1}^* + (1 - \delta) \ln CQ_{t-2} \tag{3-11}$$

将（3-10）式代入（3-11）式得：

$$\ln CQ_t - (1 - \delta) \ln CQ_{t-1} = \lambda \ln CQ_{t-1} - (1 - \delta) \ln CQ_{t-2} + \delta(1 - \lambda) a_0 + a_1 \delta \ln SP_t$$
$$- \lambda a_1 \delta \ln SP_{t-1} + b_0 \delta \ln I_t + \delta(\mu_t - \lambda \mu_{t-1}) \tag{3-12}$$

整理得：

$$\ln CQ_t = \beta_0 + \beta_1 \ln CQ_{t-1} + \beta_2 \ln CQ_{t-2} + \beta_3 \ln SP_t + \beta_4 \ln SP_{t-1}$$
$$+ \beta_5 \ln I_t + \delta(\mu_t - \lambda \mu_{t-1}) \tag{3-13}$$

于是得到柑橘国内消费模型为：

$$\ln CQ_t = \beta_0 + \beta_1 \ln CQ_{t-1} + \beta_2 \ln CQ_{t-2} + \beta_3 \ln SP_t + \beta_4 \ln SP_{t-1}$$
$$+ \beta_5 \ln I_t + \delta(\mu_t - \lambda\mu_{t-1}) \tag{3-14}$$

式中，$\beta_0 = \delta(1-\lambda)a_0$，$\beta_1 = (\lambda + 1 - \delta)$，$\beta_2 = -\lambda(1-\delta)$，$\beta_3 = \delta a_1$，$\beta_4 = -\delta\lambda a_1$，$\beta_5 = \delta b_0$。

3.2.3　柑橘进口量模型的构建

同样依据假设 11，中国柑橘进口量的预期值 IQ_t^* 依赖于进口价格 IP_t，即 IQ_t^* 的局部调整模型的最初形式为：

$$\ln IQ_t^* = \alpha_0 + \alpha_1 \ln IP_t + e_t \tag{3-15}$$

式中随机误差 $e_i \sim N(\mu, \sigma^2)$。

由于 IQ_t^* 不可观测，以及国际贸易形式的变动和国内生产产量的变化的影响，实际进口量 IQ_t 只是预期变化的一部分，进口量按照预定水平进行调整，故有以下局部调整假设：

$$\ln IQ_t - \ln IQ_{t-1} = \delta(\ln IQ_t^* - \ln IQ_{t-1})$$

或写成：

$$\ln IQ_t = \delta \ln IQ_t^* + (1-\delta)\ln IQ_{t-1} \tag{3-16}$$

式中 δ 为调整系数，$0 \leqslant \delta \leqslant 1$。

将（3-16）式代入（3-15）式得：

$$\ln IQ_t = \delta\alpha_0 + \delta\alpha_1 \ln IP_t + (1-\delta)\ln IQ_{t-1} + \delta e_t$$

进一步得到中国柑橘进口量理论模型为：

$$\ln IQ_t = \beta_0 + \beta_1 \ln IP_t + \beta_2 \ln IQ_{t-1} + \delta e_t \tag{3-17}$$

式中，$\beta_0 = \delta\alpha_0$，$\beta_1 = \delta\alpha_1$，$\beta_2 = (1-\delta)$。

3.2.4　柑橘出口量模型的构建

柑橘的出口量 EQ_t 与进口量 IQ 的大小调节着中国柑橘市场均衡的动态变化。柑橘进口量与出口量包括鲜果进出口和柑橘加工品（橙汁、罐头）进出口量。

根据假设 11，中国柑橘出口量的预期值 EQ_t^* 依赖于出口价格 EP_t，即 EQ_t^* 的局部调整模型的最初形式为：

$$\ln EQ_t^* = \alpha_0 + \alpha_1 \ln EP_t + e_t \tag{3-18}$$

式中，随机误差 $e_i \sim N(\mu, \sigma^2)$。

由于 EQ_t^* 不可观测，以及国际贸易形式的变动以及国内生产产量的变化的影响，实际出口量 EQ_t 只是预期变化的一部分，出口量按照预定水平进行调整，故有以下局部调整假设：

$$\ln EQ_t - \ln EQ_{t-1} = \delta(\ln EQ_t^* - \ln EQ_{t-1})$$

或写成：

$$\ln EQ_t = \delta \ln EQ_t^* + (1 - \delta)\ln EQ_{t-1} \qquad (3\text{-}19)$$

式中，δ 为调整系数，$0 \leqslant \delta \leqslant 1$。

将（3-19）式代入（3-18）式得：

$$\ln EQ_t = \delta \alpha_0 + \delta \alpha_1 \ln EP_t + (1 - \delta)\ln EQ_{t-1} + \delta e_t$$

进一步得到中国柑橘出口量理论模型为：

$$\ln EQ_t = \beta_0 + \beta_1 \ln EP_t + \beta_2 \ln EQ_{t-1} + \delta e_t \qquad (3\text{-}20)$$

式中，$\beta_0 = \delta \alpha_0$，$\beta_1 = \delta \alpha_1$，$\beta_2 = (1 - \delta)$。

3.2.5 柑橘加工量模型的构建

柑橘加工量是指国内利用工业化设备将柑橘鲜果初级产品转化成橙汁、罐头等高级产品的所需要的柑橘鲜果消耗量。

根据假设13，中国柑橘加工量的预期值 JQ_t^* 依赖于加工品价格 GP_t，即 JQ_t^* 的局部调整模型的最初形式为：

$$\ln JQ_t^* = \alpha_0 + \alpha_1 \ln GP_t + e_t \qquad (3\text{-}21)$$

式中，随机误差 $e_i \sim N(\mu, \sigma^2)$。

由于 JQ_t^* 不可观测，国际加工品贸易的变动以及国内残次果数量的不稳定性，实际加工量 IQ_t 只是预期变化的一部分，加工量按照预定水平进行调整，故有以下局部调整假设：

$$\ln JQ_t - \ln JQ_{t-1} = \delta(\ln JQ_t^* - \ln JQ_{t-1})$$

或写成：

$$\ln JQ_t = \delta \ln JQ_t^* + (1 - \delta)\ln JQ_{t-1} \qquad (3\text{-}22)$$

式中，δ 为调整系数，$0 \leqslant \delta \leqslant 1$。

将（3-22）式代入（3-21）式得：

$$\ln JQ_t = \delta \alpha_0 + \delta \alpha_1 \ln GP_t + (1 - \delta)\ln JQ_{t-1} + \delta e_t$$

进一步得到中国柑橘加工量理论模型为：

$$\ln JQ_t = \beta_0 + \beta_1 \ln GP_t + \beta_2 \ln JQ_{t-1} + \delta e_t \qquad (3\text{-}23)$$

式中，$\beta_0 = \delta\alpha_0$，$\beta_1 = \delta\alpha_1$，$\beta_2 = (1 - \delta)$。

3.3 柑橘市场预警辅助模型的建立

中国柑橘市场预警辅助模型有 4 个子模型，主要包括柑橘销售价格模型、柑橘进口价格模型、柑橘出口价格模型以及柑橘加工品价格模型。

3.3.1 柑橘销售价格模型的构建

柑橘销售价格的高低主要是由生产者提供的数量和消费者购买的数量所决定。作为市场经济操作手，价格对供给和需求起着调节作用。

根据假设 15，柑橘销售价格与供给关系可以假定如下：

$$\ln SP_t = \gamma_0 + \gamma_1 \ln GQ_t^* + e_t \tag{3-24}$$

式中，GQ_t^* 为柑橘供求平衡下柑橘的均衡产量，e_t 为误差项，$e_t \sim N(\mu, \sigma^2)$。

由于 GQ_t^* 是一个无法观测的数据，需要进一步利用预期形式的假设，即自适应预期假设：

$$\ln GQ_t^* - \ln GQ_{t-1}^* = \delta(\ln GQ_t - \ln GQ_{t-1}^*) \tag{3-25}$$

其中 $0 \leq \delta \leq 1$ 为修正系数，也就是说柑橘均衡产量是在现有产量的基础上，通过修正同期误差实现的。即：

$$\ln GQ_t^* = \delta \ln GQ_t + (1 - \delta) \ln GQ_{t-1}^* \tag{3-26}$$

将 (3-26) 式代入 (3-24) 式得：

$$\ln SP_t = \gamma_0 + \gamma_1 \left[\delta \ln GQ_t + (1 - \delta) \ln GQ_{t-1}^* \right] + e_t$$

上式经过科伊克变换可变为：

$$\ln SP_t = \gamma_0\delta + \gamma_1\delta\ln GQ_t + (1 - \delta)\frac{\ln SP_{t-1} - \gamma_0 - e_{3t-1}}{\gamma_1} + e_t$$

$$= \gamma_0\delta + \gamma_1\delta\ln GQ_t + \frac{(1 - \delta)}{\gamma_1}\ln SP_{t-1} - \frac{(1 - \delta)\gamma_0}{\gamma_1} - \frac{(1 - \delta)}{\gamma_1}e_{t-1} + e_t$$

$$\tag{3-27}$$

$$\ln SP_t = \gamma_0\delta + \gamma_1\delta\ln GQ_t + \frac{(1 - \delta)}{\gamma_1}\ln SP_{t-1} - \frac{(1 - \delta)\gamma_0}{\gamma_1} - \frac{(1 - \delta)}{\gamma_1}$$

$$- \frac{(1 - \delta)}{\gamma_1}e_{t-1} + e_t$$

进一步得到销售销售价格模型：

$$\ln SP_t = \beta_0 + \beta_1 \ln GQ_t + \beta_2 \ln SP_{t-1} - re_{t-1} + e_t \tag{3-28}$$

式中，$\beta_0 = \gamma_0 \delta - \dfrac{(1-\delta)\gamma_0}{\gamma_1} - \dfrac{(1-\delta)}{\gamma_1}\alpha_0$，$\beta_1 = \gamma_1\delta$，$\beta_2 = \dfrac{(1-\delta)}{\gamma_1}$，$r = \dfrac{(1-\delta)}{\gamma_1}$。

3.3.2 柑橘进口价格模型的构建

根据假设17，柑橘的进口价格主要受到柑橘贸易平衡下柑橘进口量的影响。于是可以建立预期模型：

$$\ln IP_t = \alpha_0 + \alpha_1 \ln IQ_t^* + \varepsilon_t \tag{3-29}$$

式中，IP_t 为柑橘进口价格，IQ_t^* 为进口量的预期数量，ε_t 为随机误差，要求 $\varepsilon \sim N(\mu, \sigma^2)$。

由于预期变量 IQ_t^* 无法观测，需作如下自适应预期假定：

$$\ln IQ_t^* - \ln IQ_{t-1}^* = r(\ln IQ_t - \ln IQ_{t-1}^*)$$

式中，r 为预期系数，$0 \leqslant r \leqslant 1$。

上式的经济含义为：柑橘进口商根据过去的经验修改它们的预期，即本期预期值的形成是一个逐步调整过程，本期预期值的增量是本期实际值与前一期预期值之差的一部分，其比例为 r。

这个假定可改写为：

$$\ln IQ_t^* = r \ln IQ_t + (1-r)\ln IQ_{t-1}^* \tag{3-30}$$

将（3-30）式代入（3-29）式得：

$$\ln IP_t = \alpha_0 + \alpha_1 \left[r \ln IQ_t + (1-r)\ln IQ_{t-1}^* \right] + \varepsilon_t \tag{3-31}$$

将（3-31）式滞后一期并乘以 $(1-r)$，得：

$$(1-r)\ln IP_{t-1} = (1-r)\alpha_0 + (1-r)\alpha_1 \ln IQ_{t-1}^* + (1-r)\varepsilon_{t-1} \tag{3-32}$$

将（3-32）式代入（3-31）式整理得：

$$
\begin{aligned}
\ln IP_t &= \alpha_0 + \alpha_1 r \ln IQ_t + \alpha_1(1-r)\ln IQ_{t-1}^* + \varepsilon_t \\
&= \alpha_0 + \alpha_1 r \ln IQ_t + (1-r)\ln IP_{t-1} - (1-r)\alpha_0 - (1-r)\varepsilon_{t-1} + \varepsilon_t \\
&= r\alpha_0 + r\alpha_1 \ln IQ_t + (1-r)\ln IP_{t-1} + \varepsilon_t - (1-r)\varepsilon_{t-1}
\end{aligned} \tag{3-33}
$$

进一步得到柑橘进口价格模型：

$$\ln IP_t = \beta_0 + \beta_1 \ln IQ_t + \beta_2 \ln IP_{t-1} + \varepsilon_t - (1-r)\varepsilon_{t-1} \tag{3-34}$$

式中，$\beta_0 = r\alpha_0$，$\beta_1 = r\alpha_1$，$\beta_2 = (1-r)$。

3.3.3 柑橘出口价格模型的构建

根据假设17，柑橘的出口价格主要受到柑橘贸易平衡下柑橘出口量的影响。于是可以建立预期模型：

$$\ln EP_t = \alpha_0 + \alpha_1 \ln EQ_t^* + \varepsilon_t \tag{3-35}$$

式中，EP_t 为柑橘出口价格，EQ_t^* 为出口量的预期数量，ε_t 为随机误差，要求 $\varepsilon \sim N(\mu,\ \sigma^2)$。

由于预期变量 EQ_t^* 无法观测，需作如下自适应预期假定：

$$\ln EQ_t^* - \ln EQ_{t-1}^* = r(\ln EQ_t - \ln EQ_{t-1}^*)$$

式中，r 为预期系数，$0 \leqslant r \leqslant 1$。

上式的经济含义为：柑橘出口商根据过去的经验修改他们的预期，即本期预期值的形成是一个逐步调整过程，本期预期值的增量是本期实际值与前一期预期值之差的一部分，其比例为 r。

这个假定可改写为：

$$\ln EQ_t^* = r\ln EQ_t + (1 - r)\ln EQ_{t-1}^* \tag{3-36}$$

将（3-36）式代入（3-35）式得：

$$\ln EP_t = \alpha_0 + \alpha_1 \left[r\ln EQ_t + (1-r)\ln EQ_{t-1}^* \right] + \varepsilon_t \tag{3-37}$$

将（3-37）式滞后一期并乘以 $(1-r)$：

$$(1-r)\ln EP_{t-1} = (1-r)\alpha_0 + (1-r)\alpha_1 \ln EQ_{t-1}^* + (1-r)\varepsilon_{t-1} \tag{3-38}$$

将（3-38）式代入（3-37）式整理得：

$$
\begin{aligned}
\ln EP_t &= \alpha_0 + \alpha_1 r\ln EQ_t + \alpha_1(1-r)\ln EQ_{t-1}^* + \varepsilon_t \\
&= \alpha_0 + \alpha_1 r\ln EQ_t + (1-r)\ln EP_{t-1} - (1-r)\alpha_0 - (1-r)\varepsilon_{t-1} + \varepsilon_t \\
&= r\alpha_0 + r\alpha_1 \ln EQ_t + (1-r)\ln EP_{t-1} + \varepsilon_t - (1-r)\varepsilon_{t-1}
\end{aligned} \tag{3-39}
$$

进一步得到柑橘出口价格模型：

$$\ln EP_t = \beta_0 + \beta_1 \ln EQ_t + \beta_2 \ln EP_{t-1} + \varepsilon_t - (1-r)\varepsilon_{t-1} \tag{3-40}$$

式中，$\beta_0 = r\alpha_0$，$\beta_1 = r\alpha_1$，$\beta_2 = (1-r)$。

3.3.4　柑橘加工品价格模型的构建

根据假设 18，柑橘的加工品价格主要受到柑橘贸易平衡下柑橘加工量的影响。于是可以建立预期模型：

$$\ln GP_t = \alpha_0 + \alpha_1 \ln JQ_t^* + \varepsilon_t \tag{3-41}$$

式中，GP_t 为柑橘加工品价格，JQ_t^* 为加工量的预期数量，ε_t 为随机误差，要求 $\varepsilon \sim N(\mu,\ \sigma^2)$。

由于预期变量 JQ_t^* 无法观测，需作如下自适应预期假定：

$$\ln JQ_t^* - \ln JQ_{t-1}^* = r(\ln JQ_t - \ln JQ_{t-1}^*)$$

式中，r 为预期系数，$0 \leqslant r \leqslant 1$。

上式的经济含义为：柑橘加工企业根据过去的经验修改他们的预期，即本期预期值的形成是一个逐步调整过程，本期预期值的增量是本期实际值与前一期预期值之差的一部分，其比例为 r。

这个假定可改写为：

$$\ln JQ_t^* = r\ln JQ_t + (1 - r)\ln JQ_{t-1}^* \tag{3-42}$$

将（3-42）式代入（3-41）式得：

$$\ln GP_t = \alpha_0 + \alpha_1\left[r\ln JQ_t + (1 - r)\ln JQ_{t-1}^*\right] + \varepsilon_t \tag{3-43}$$

将（3-43）式滞后一期并乘以 $(1 - r)$ 得：

$$(1 - r)\ln GP_{t-1} = (1 - r)\alpha_0 + (1 - r)\alpha_1\ln JQ_{t-1}^* + (1 - r)\varepsilon_{t-1} \tag{3-44}$$

将（3-44）式代入（3-43）式整理得：

$$\begin{aligned}
\ln HP_t &= \alpha_0 + \alpha_1 r\ln JQ_t + \alpha_1(1 - r)\ln JQ_{t-1}^* + \varepsilon_t \\
&= \alpha_0 + \alpha_1 r\ln JQ_t + (1 - r)\ln GP_{t-1} - (1 - r)\alpha_0 - (1 - r)\varepsilon_{t-1} + \varepsilon_t \\
&= r\alpha_0 + r\alpha_1\ln JQ_t + (1 - r)\ln GP_{t-1} + \varepsilon_t - (1 - r)\varepsilon_{t-1}
\end{aligned} \tag{3-45}$$

进一步得到柑橘加工品价格模型：

$$\ln GP_t = \beta_0 + \beta_1\ln JQ_t + \beta_2\ln GP_{t-1} + \varepsilon_t - (1 - r)\varepsilon_{t-1} \tag{3-46}$$

式中，$\beta_0 = r\alpha_0$，$\beta_1 = r\alpha_1$，$\beta_2 = (1 - r)$。

3.4 本章小结

本章运用经济预期理论和局部调整模型推导出了柑橘供给量模型、柑橘国内鲜果消费量模型、柑橘进口量模型、柑橘出口量模型、柑橘加工量模型等 9 个模型，这里有几点需要作出进一步解释。

第一，柑橘市场预警模型严格来讲就是供给量模型和需求量模型。两者之间用一个价格模型相联系。但本书为了研究的深入，将需求量模型分解成国内鲜果消费量模型、加工模型、出口量模型；而供给量模型就没有分解。但为了后续研究和柑橘生产量模型的建立，推导了进口量模型。这就是本书整个模型设计的思路。

第二，中国柑橘市场预警模型包括以下 9 个子模型：

柑橘供给量模型：

$$\ln GQ_t = \beta_{10} + \beta_{11}\ln GQ_{t-1} + \beta_{12}\ln SP_{t-3} + \beta_{13}\ln SP_{t-2} + \beta_{14}\ln SP_{t-1} + \beta_{15}\ln SP_t + \delta e_{1t}$$

柑橘国内鲜果消费量模型：

$$\begin{aligned}
\ln CQ_t = \beta_{20} &+ \beta_{21}\ln CQ_{t-1} + \beta_{22}\ln CQ_{t-2} + \beta_{23}\ln SP_t + \beta_{24}\ln SP_{t-1} \\
&+ \beta_{25}\ln I_t + \delta(\mu_{1t} - \lambda\mu_{1,\,t-1})
\end{aligned}$$

柑橘进口量模型：

$$\ln IQ_t = \beta_{30} + \beta_{31}\ln IP_{3t} + \beta_{32}\ln IQ_{t-1} + \delta e_{3t}$$

柑橘出口量模型：

$$\ln EQ_t = \beta_{40} + \beta_{41}\ln EP_t + \beta_{42}\ln EQ_{t-1} + \delta e_{4t}$$

柑橘加工量模型：

$$\ln JQ_t = \beta_{50} + \beta_{51}\ln GP_t + \beta_{52}\ln JQ_{t-1} + \delta e_{5t}$$

柑橘销售价格模型：

$$\ln SP_t = \beta_{60} + \beta_{61}\ln GQ_t + \beta_{62}\ln SP_{t-1} - re_{6,\,t-1} + e_{6t}$$

柑橘进口价格模型：

$$\ln IP_t = \beta_{70} + \beta_{71}\ln IQ_t + \beta_{72}\ln IP_{t-1} + \varepsilon_{7t} - (1-r)\varepsilon_{7,\,t-1}$$

柑橘出口价格模型：

$$\ln EP_t = \beta_{80} + \beta_{81}\ln EQ_t + \beta_{82}\ln EP_{t-1} + \varepsilon_{8t} - (1-r)\varepsilon_{8,\,t-1}$$

柑橘加工品价格模型：

$$\ln GP_t = \beta_{90} + \beta_{91}\ln JQ_t + \beta_{92}\ln GP_{t-1} + \varepsilon_{9t} - (1-r)\varepsilon_{9,\,t-1}$$

这9个子模型相互联系，共同组成一个系统。模型拟合是整体完成，有别于单方程的单个拟合。

第三，每个子模型 e_t 或 e_{t-1} 包含了未知因素对模型被解释变量的影响。在实证分析中，柑橘被解释变量有可能和模型中已有的解释变量以外的因素有关，这需要在模型拟合中对变量进行经济诊断和统计诊断。

第四，理论模型提供的框架在实证分析中并不一定完全相同。任何经济现象都有其特殊性，因此在做实证分析时，理论模型需要作进一步的调整。

第五，柑橘国内鲜果消费量模型的构建既用到了分布滞后模型转化为自回归模型的理论，又用到了局部调整模型，模型的构建具有创新性。

第 4 章
中国柑橘市场预警指标体系的
数据统计与分析

　　农产品市场预警一般包括供给预警、需求预警、价格预警等。供给预警包括产量、库存与进口等方面的预警，需求预警则包括国内柑橘鲜果消费、出口、柑橘加工以及损耗等方面的预警。每个预警模型由若干个相互关联、相互制约、相互成长的经济变量所组成。有些变量的变化不受其他经济变量的影响，是市场外的因素加以控制和策动的，这类变量称为外生变量；也有些变量既受到市场内的因素影响，同时它也影响其他变量，这类变量称为内生变量。

　　中国柑橘产业的发展受到多方面因素的制约，有生产要素的因素，有市场调节的因素，有经济环境的因素，也有政策制度的因素。这些因素分别影响着生产量、供给量、国内鲜果消费量、柑橘销售价格、进出口以及加工等多个方面。

　　本章结合第 3 章构建的理论模型和前人的研究成果初步给出可能影响柑橘市场预警核心和辅助变量的因素，对构成柑橘市场预警体系供给与需求的 33 个指标进行数据收集、整理和分析，并为第 5 章预警模型解释变量的最终确定打下基础。

4.1　柑橘市场预警核心指标变量数据统计与分析

　　核心指标变量对柑橘预警结果有着最直观的判断，它是柑橘市场预警的政策参考信息最为直接的来源。供给量是产量、进口量、库存量的算术和。需求量是国内消费量、出口量和加工量、损耗量的算术和。供需的缺口大小和比例就是柑橘市场预警最终的认识，而价格是联系供需双方的纽带，是市场经济中供需变化的晴雨表。因此，本书将供给量、国内鲜果消费量、加工量、进口量、出口量、库存变化量以及损耗量等作为核心变量是合适的。

4.1.1 柑橘供给量及其构成

中国柑橘供给量是柑橘产量、柑橘进口量、柑橘库存变化量的代数和。

（1）中国柑橘产量（单位：万吨。记作 Y_t，下标 t 为年份）。柑橘产量是柑橘生产者在中国境内种植所有柑橘品种所获得的柑橘重量总和。其数据来源于《中国农村统计年鉴》《中国统计年鉴》及《中国农业统计资料》。

图 4-1 显示，中国柑橘产量近十几年来高速增长。柑橘总产量由 1992 年的 516.01 万吨增长为 2011 年的 2944.03 万吨，年均增长 9.6%。

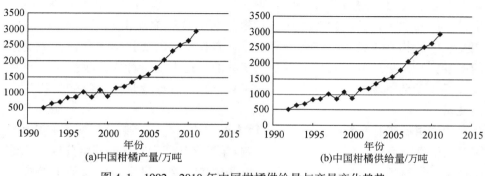

图 4-1　1992～2010 年中国柑橘供给量与产量变化趋势

（2）柑橘进口量（单位：万吨。记作 IQ_t，下标 t 为年份）。柑橘进口量数据来源于联合国贸易数据库。中国柑橘进口速度增长也很快。1992 年进口柑橘 0.0202943 万吨，到了 2011 年，进口量达到 13.173931 万吨，年均增长 40.61%。由于中国已经是柑橘生产大国，柑橘品种已经很丰富了，其对柑橘的进口需求不是很大。目前中国主要是进口一些中国国内很难生产、品质色味均佳的柑橘产品。据统计资料显示，历年来柑橘进口量占到柑橘总产量的比例很低，最大的比例也仅占到 0.70%，见图 4-2。

（3）柑橘库存变化量（单位：万吨，记作 ΔKQ_t，下标 t 为年份）。库存变化量的数据来源于世界粮农组织 FAO 数据库，其中，中国官方和美国农业部数据库没有公布库存变化量。FAO 数据显示，柑橘库存变化量占到柑橘总产量最大也仅有 0.035%。因此，在计算柑橘供给量数据时，本书省去了柑橘库存变化量。

（4）柑橘供给量（单位：万吨。记作 GQ_t，下标 t 为年份）。柑橘供给的

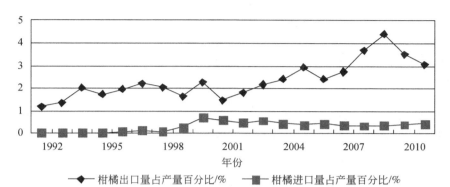

图 4-2　1992～2011 年中国柑橘进出口占产量的比例变化

数据是由柑橘产量、进出口量、库存变化量计算得来，其计算公式为 $GQ_t = Y_t + IQ_t$。由于中国官方没有公布库存变化量，以及鉴于库存变化量占到柑橘产量的比例很小，所以本书计算柑橘供给量时没有考虑库存变化量。图 4-1 显示，中国柑橘供给量与柑橘产量几乎没有什么差距，其增长迅速。1992 年供给量 516.03 万吨，2011 年达到 957.174 万吨，19 年间增长了 4.8 倍，年均增长 9.51%。

4.1.2　柑橘需求量及其构成

中国柑橘需求量是柑橘国内鲜果消费量、加工量、出口量的代数和。

（1）柑橘国内鲜果消费量（单位：万吨。记作 CQ_t ，下标 t 为年份）。柑橘国内鲜果消费量也简称柑橘消费量。中国官方没有公布柑橘国内鲜果消费量，只是在《中国农村统计年鉴》公布了家庭人均水果消费量。至于在外用餐、用作其他用途消耗量、加工量也都没有公布，这就给本书的研究带来很大的困难。但是美国农业部公布了中国国内鲜果消费量的数据。为了使得数据口径尽量统一，本书假设美国农业部数据中消费量占供给量的比例（简称美国消费比例）是符合客观事实的。基于这一假设本书计算出中国国内消费量的数据。具体数据见表 4-1。

通过表 4-1 中可以看出，中国柑橘国内鲜果消费量也是不断增长，但相对于柑橘产量的比例平稳中略有下降。

表 4-1　1992～2011 年中国柑橘国内鲜果消费量的估计

年份	供给量/万吨	美国消费比例/%	折算后的中国柑橘国内鲜果消费量/万吨	年份	供给量/万吨	美国消费比例	折算后的中国柑橘国内鲜果消费量/万吨
1992	516.030	96	495.39	2002	1 183.13	0.947	1 120.42
1993	656.128	929	609.54	2003	1 323.86	0.933	1 235.16
1994	684.517	928	635.23	2004	1 466.35	0.935	1 371.04
1995	822.432	93	764.86	2005	1 551.49	0.93	1 442.89
1996	846.293	929	786.21	2006	1 754.18	0.918	1 610.34
1997	1 011.60	935	945.85	2007	2 009.29	0.913	1 834.48
1998	859.599	911	783.09	2008	2 253.08	0.919	2 070.58
1999	1 081.68	922	997.31	2009	2 419.07	0.928	2 244.90
2000	884.496	952	842.04	2010	2 562.42	0.937	2 400.99
2001	1 167.49	947	1105.61	2011	2 867.02	0.916	2 626.19

（2）柑橘加工量（单位：万吨。记作 JQ_t，下标 t 为年份）。与柑橘国内鲜果消费量一样，中国官方没有公布柑橘加工量数据，处理方法与柑橘国内鲜果消费量一样，假设美国农业部数据中加工消耗柑橘鲜果量占供给量的比例（简称美国加工比例）是符合客观事实的。基于这一假设，本书计算出中国柑橘加工量的数据，见表 4-2。

（3）柑橘出口量（单位：万吨。记作 EQ_t，下标 t 为年份）。柑橘出口量数据来源于联合国贸易数据库。中国柑橘出口量近年来增长较快，是影响柑橘供给量的重要因素。在目前中国柑橘消费压力较大的情况下，增大柑橘出口是解决柑橘销售难的重要途径。近年来，中国柑橘（鲜果和干果）出口量呈现出快速增长的态势。2000 年，出口柑橘类水果 20.0271 万吨，比 1992 年增长了 2.26 倍；2011 年出口柑橘水果 90.1557 万吨，又比 2002 年增长了 3.16 倍。但是，柑橘出口量占中国柑橘产量的比例虽在增加，但绝对比仍居低不上。图 4-2 显示，2009 年中国柑橘出口量占产量比例最大，但也仅占到 4.41%。

表 4-2　1992～2011 年中国柑橘加工量的估计

年份	供给量/万吨	美国加工比例	折算后的中国柑橘加工量/万吨	年份	供给量/万吨	美国加工比例	折算后的中国柑橘加工量/万吨
1992	516.030	0.03	15.48	1995	822.432	0.05	41.12
1993	656.128	0.05	32.81	1996	846.293	0.05	42.31
1994	684.517	0.05	34.23	1997	1 011.604	0.04	40.46

年份	供给量/万吨	美国加工比例	折算后的中国柑橘加工量/万吨	年份	供给量/万吨	美国加工比例	折算后的中国柑橘加工量/万吨
1998	859.599	0.06	51.58	2005	1 551.49	0.04	62.06
1999	1 081.679	0.06	64.90	2006	1 754.18	0.05	87.71
2000	884.496	0.03	26.53	2007	2 009.29	0.05	100.46
2001	1 167.486	0.04	46.70	2008	2 253.08	0.03	67.59
2002	1 183.13	0.03	35.49	2009	2 419.07	0.03	72.57
2003	1 323.86	0.04	52.95	2010	2 562.42	0.03	76.87
2004	1 466.35	0.04	58.65	2011	2 867.02	0.04	114.68

　　总结前面统计的中国柑橘市场预警数据（柑橘供给量数据、国内鲜果消费量数据、柑橘加工量数据见表4-1和表4-2），得到表4-3。

表4-3　中国柑橘市场预警核心指标变量数据　　　　单位：万吨

年份	中国柑橘产量	柑橘进口量	柑橘出口量	年份	中国柑橘产量	柑橘进口量	柑橘出口量
1992	516.010	0.02	6.14	2002	1199.000	5.82	21.68
1993	656.100	0.03	8.88	2003	1 345.370	7.66	29.20
1994	684.450	0.07	13.77	2004	1 495.830	6.69	36.14
1995	822.200	0.23	14.33	2005	1 591.910	6.15	46.56
1996	845.660	0.63	16.61	2006	1 789.830	7.89	43.51
1997	1 010.220	1.38	22.31	2007	2 058.270	7.44	56.45
1998	859.040	0.56	17.55	2008	2 331.300	7.99	86.21
1999	1 078.710	2.97	17.63	2009	2 521.100	9.16	111.20
2000	878.310	6.19	20.03	2010	2 645.200	10.53	93.31
2001	1 160.700	6.79	17.12	2011	2 944.000	13.17	90.16

　　柑橘需求量还包括柑橘损耗量和用作其他用途的柑橘消耗量。鉴于这方面的数据的完全缺失，本书将不研究这方面的内容，也就不单独对柑橘需求量进行分析。

4.2　柑橘市场预警辅助指标变量数据统计与分析

　　辅助指标虽然不是市场预警最为直观的变量，但它对核心变量有着直接的影响。同时它也受到辅助内部指标和制约指标的影响。从经济学的角度，辅助指标变量属于内生变量。设置的原则是，能直接影响柑橘的生产、消费与进出口的变量。根据第 2 章的研究结论，本书确定的辅助变量依次是柑橘销售价格、居民可支配收入、柑橘加工品价格、柑橘出口价格、柑橘进口价格。

4.2.1　柑橘供给范畴的辅助指标

供给范畴的核心变量是供给量和进口量。根据第 3 章中国柑橘市场预警理论模型的研究结论，得到影响柑橘供给范畴的辅助变量是柑橘销售价格和柑橘进口价格。

（1）柑橘销售价格（单位：美元/吨[①]，记作 SP_t，下标 t 为年份）。柑橘收购价格也称为柑橘出售价格，其数据来源于《全国农产品成本收益资料汇编》。1992~1999 年的数据是取之于平均收购价格，2000 年以后为柑和橘平均出售价格的算术平均值。柑橘收购价格是柑橘生产者将其卖给中间商或合作社的价格。在中国目前的体制下，经过这一价格销售出去，后面的市场风险和红利与柑橘生产者就割断了。因此，收购价格就是生产者愿意种植柑橘并提供产品到市场的原动力。

图 4-3 显示，中国柑橘收购价格极端不稳定，属于典型的平稳性波动。连续涨价与连续降价一般不会超过三年，这就很真实地反映了柑橘市场的发生规律。国家柑橘产业技术研发中心产业经济研究室连续几年对江西赣南进行调研发现，橘农基本上是今年喜明年愁。广大橘农对于价格的变动难以捉摸，种柑橘心里总是不踏实。

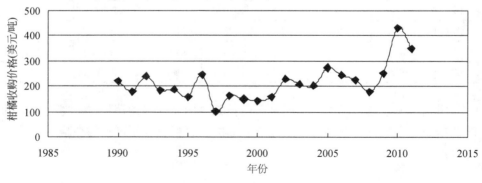

图 4-3　1992~2011 年中国柑橘收购价变动

---

① 《全国农产品成本收益资料汇编》里柑橘收购价的单位是元/50 千克，本书将金额通过人民币兑美元汇率折算成美元，重量单位换算成吨后计算出来的。

（2）中国柑橘进口价格（单位：美元/吨，记作 IP_t，下标 t 为年份）。柑橘进口价格数据来自于联合国贸易数据库。其计算方式是将所有柑橘进口品种的金额除以柑橘进口量，就得到了柑橘的平均进口价。柑橘进口价格理应是决定柑橘进口的源动力；但也有学者提出不同观点。从图 4-4 中看出，柑橘进口价格在 1997 年亚洲金融危机那一年最低，随后一直上涨，到了 2011 年达到 1126 美元/吨，比 1997 年价格的 283.8 美元/吨高出近 3 倍。另外自 1997 年以后，中国柑橘出口价格长期低于进口价格，说明中国国内柑橘产量增加后，进口的柑橘属于更为高档的产品。

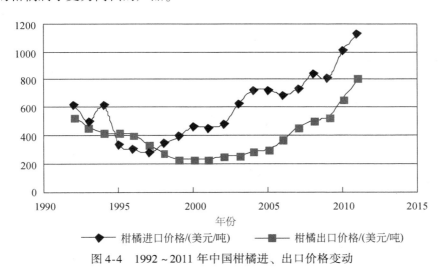

图 4-4　1992～2011 年中国柑橘进、出口价格变动

4.2.2　柑橘需求范畴的辅助指标

需求范畴的核心变量是柑橘国内鲜果消费量、柑橘加工消耗柑橘量和柑橘进口量。同样根据第 3 章中国柑橘市场预警理论模型的研究结论，得到影响柑橘需求范畴的辅助变量是柑橘销售价格、居民可支配收入、柑橘加工品价格和柑橘进口价格。柑橘销售价格已经研究过，在此不再阐述。

（1）中国柑橘出口价格（单位：美元/吨。记作 EP_t，下标 t 为年份）。柑橘出口价数据来自于联合国贸易数据库。其计算方式是将所有柑橘出口品种的金额除以柑橘出口量，就得到了柑橘的平均出口价。根据国际贸易学的一般理论，柑橘出口价格应该是决定柑橘出口的源动力；但是 21 世纪初有不少学者研究发现，中国柑橘出口存在着出口量增加但出口额并没有同步增长的现象。

图 4-4 显示，1992～2000 年，中国柑橘出口价格一直在下降，出口量不断

增加，但到了 2000 年以后，就是中国加入 WTO 以后，这种局面得以改善。农业部为了应对入世对中国柑橘的冲击，在 20 世纪末有步骤、有意识地进行柑橘品种改良和柑橘优势生产带的规划，使得中国柑橘产品的出口竞争力随着加入 WTO 而一同增长。2000 年后，中国柑橘出口价一路攀升，2011 年达到805.8 美元/吨比 2000 年的 235.2 美元/吨增长了近 2.5 倍，中国柑橘出口竞争力逐渐增强。

（2）居民可支配收入（单位：美元，记作 I_t，下标 t 为年份）。根据经济学中的消费理论，居民可支配收入是影响柑橘国内鲜果消费量最为直接的因素之一，是居民家庭可以用来自由支配的收入，是决定居民消费能力的重要变量，其数据来源于《中国统计年鉴》。其计算方法是：［（城镇居民人均可支配收入）×（城镇人口）＋（农村居民纯收入元）×（农村人口）］／（全国人口总数）。图 4-5 显示，1992～2011 年，中国居民可支配收入一直在增长，从2011 年开始增长幅度开始加大。2011 年人均可支配收入为 2257.68 美元，比1992 年的人均可支配收入多 10 倍多。收入的增加，带动了消费。

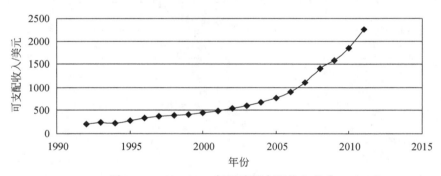

图 4-5　1992～2011 年居民可支配收入变动

（3）加工品价格（单位：美元/吨，记作 GP_t，下标 t 为年份）。由于中国没有柑橘加工量和加工品价格方面的数据。本书就假定国内企业进行柑橘加工都是为了获取利益，不会考虑消费对象，因此认为柑橘出口加工品价格就是国内柑橘加工品价格。其数据源于联合国贸易数据库，其计算方法相同于柑橘进出口价。鉴于柑橘罐头 1 吨可折算成柑橘鲜果 1.5 吨，橙汁 1 吨可折算成柑橘鲜果 15 吨，将柑橘加工品出口金额除以折算成柑橘鲜果的总吨数就是柑橘加工品价格。

图 4-6 显示，中国柑橘加工品价格在平稳中波动，最近几年价格有所上涨，说明中国柑橘加工品工艺水平有所提升，柑橘加工附加值在不断提高。

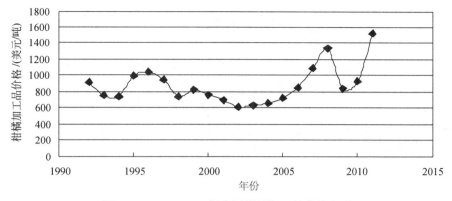

图 4-6　1992～2011 年中国柑橘加工品价格变动

总结前面统计的中国柑橘市场预警数据，得到表 4-4。

表 4-4　中国柑橘市场预警辅助指标变量数据

年份 单位	销售价格/ （美元/吨）	加工品价格 /（美元/吨）	居民可支配 收入（美元）	柑橘出口价格 /（美元/吨）	柑橘进口价格 /（美元/吨）
1992	237. 805	913. 645	204. 043	528. 200	620. 400
1993	184. 780	752. 037	240. 378	460. 400	497. 100
1994	186. 235	741. 520	216. 931	419. 100	613. 600
1995	159. 358	997. 286	282. 998	418. 100	342. 600
1996	246. 927	1 038. 268	338. 448	402. 400	308. 600
1997	102. 536	943. 586	370. 311	339. 900	283. 800
1998	162. 699	740. 875	392. 584	278. 600	344. 100
1999	149. 970	822. 848	420. 085	236. 200	396. 200
2000	144. 617	764. 947	448. 376	235. 200	465. 600
2001	158. 765	698. 513	490. 339	235. 700	454. 900
2002	228. 634	606. 114	545. 960	256. 700	480. 600
2003	208. 348	634. 455	603. 263	258. 800	625. 300
2004	202. 010	660. 650	681. 981	290. 600	724. 100
2005	273. 203	722. 030	777. 196	307. 900	729. 100
2006	243. 772	852. 927	900. 013	371. 200	692. 300
2007	224. 829	1 088. 998	1 114. 551	456. 400	734. 600
2008	180. 084	1 336. 239	1 410. 292	507. 300	842. 000
2009	251. 837	838. 662	1 574. 290	532. 600	808. 500
2010	431. 435	926. 170	1 847. 645	660. 000	1 007. 400
2011	349. 260	1 526. 516	2 257. 680	805. 800	1 126. 000

4.3 柑橘市场预警制约指标变量数据统计与分析

中国柑橘市场预警制约指标在第3章中国市场预警理论模型中没有出现的变量。这些变量有一些特点：首先，一定不是柑橘预警最直观的变量，即即使知道了这些变量的值，也不能直接得出中国柑橘供需缺口。其次，它不是柑橘产业系统内部的变量，柑橘产业内部对其几乎没有影响，例如恩格尔系数。最后，相对于柑橘市场预警模型而言，它可以理解成为外生变量。根据这些原则，本书确定市场化水平、交通状况、自然条件与灾害、农业财政支持、科技进步率、城镇化进程、物价指数、边际消费倾向、替代品价格、生产成本、人民币汇率、世界经济水平、WTO、中国人均GDP、工业化水平、农民受教育程度、柑橘竞争力、柑橘劳动力投入量、城乡差距等构成柑橘市场预警制约指标系统。

4.3.1 影响柑橘供给量的制约指标

哪些变量影响柑橘的供给量是学术界需要探讨的问题。本书依据经济学的理论和前人的研究成果，初步认为影响柑橘供给量的因素主要有柑橘种植面积、生产成本、科技进步率、农民受教育程度、受灾状况、市场化水平、交通状况、农业财政支持、柑橘劳动力投入量以及柑橘竞争力。

（1）柑橘种植面积[①]（单位：千公顷，记作 S_t，下标 t 为年份）。柑橘种植数据来源于《中国农村统计年鉴》或《中国农业统计资料》。

柑橘种植面积显然直接影响着柑橘的产量和柑橘的供给量。中国柑橘虽然在科学研究上取得了很大的成就，但在以小农经济为主导的分散经营下，柑橘增产主要还是依靠柑橘种植面积的增加。

图1-1显示，中国柑橘种植面积增长也较为迅速。种植面积已由1992年的1087千公顷增长为2011年的2288千公顷，年均增长3.99%。但其增长速度比柑橘产量的9.6%的增长速度低不少，这也从一个角度说明了中国柑橘产业进入了一个由粗放型向集约型的经济转型阶段。

（2）自然条件与灾害（简称灾害。单位为比值，记作 ZH_t，下标 t 为年份）。灾害是指年内因遭受旱灾、水灾、风雹灾、霜冻、病虫害及其他自然灾害等，它是农作物生产的"天敌"，是无法避免的，但可以通过预测、预报以

[①] 依据朱希刚（1997）农产品投入产出模型，影响柑橘产量的主要因素有种植面积、物质费用投入量、劳动力投入量、科技进步率以及自然灾害等。

及防治措施尽量减少损失。在柑橘生产中，风雹灾、霜冻、病虫害是主要的自然灾害，其中黄龙病危害尤为严重。鉴于没有专门针对柑橘的灾害数据，本书就采用农作物成灾面积与受灾面积比重来衡量柑橘产业的灾害情况，数据来源于《中国统计年鉴》。自然条件与灾害是自然界的一种规律，不可能被控制，因此它不是柑橘产业系统内部的指标变量，也不可能受到内部变量的影响，但它有可能影响到柑橘产业的发展。

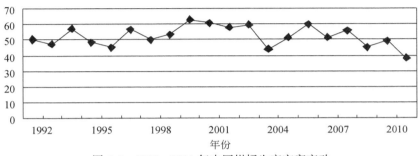

图 4-7　1992～2011 年中国柑橘生产灾害变动

（3）柑橘竞争力（单位为比值，记作 JZ_t，下标 t 为年份）。根据国家柑橘产业技术研发中心产业经济研究室的调查研究发现，近些年来，在江西赣州、湖北宜昌等柑橘产区，农民将水稻田改造成柑橘园的现象较为普遍。因为种植一亩①水稻的纯收益一般在 500 元左右，远远低于种植一亩柑橘的 5000 元左右的纯收益。这表明种植柑橘具有较高的成本收益率。所以本书选取柑橘成本收益率与稻谷成本收益率的比值作为柑橘与主要农作物的竞争力情况，比值越大表明柑橘竞争力越强。柑橘的成本收益率是柑的成本纯收益率和桔的成本纯收益率的平均值。柑橘成本收益率和水稻的成本收益率数据均来源于《全国农产品成本收益资料汇编》。

一般认为，柑橘竞争力越强，种植柑橘就会获得更大的经济效益，农民也就很愿意扩大柑橘种植面积从而增加了柑橘产量和柑橘供给量。

表 4-5　1989～2011 年中国柑橘与稻谷的成本收益比重

年份	柑-成本收益率	橘-成本收益率	平均成本收益率	稻谷的成本收益率	柑橘成本收益率与稻谷的比值
1989	89.51	166.4	127.955	81.11	1.577 5
1990	220.79	220.79	220.79	80.07	2.757 5

---

①　1 亩≈666.7 平方米。

年份	柑-成本收益率	橘-成本收益率	平均成本收益率	稻谷的成本收益率	柑橘成本收益率与稻谷的比值
1991	131.08	131.08	131.08	63.51	2.063 9
1992	151.24	228.78	190.01	56.9	3.339 4
1993	113.5	113.5	113.5	87.6	1.295 7
1994	177.3	177.3	177.3	120.07	1.476 6
1995	85.77	114.04	99.905	98.35	1.015 8
1996	56.7	235.5	146.1	74.5	1.961 1
1997	37.3	40.7	39	54.7	0.713 0
1998	43.77	120.25	82.01	55.69	1.472 6
1999	75.9	50.78	63.34	38.86	1.630 0
2000	52.19	29.45	40.82	29.51	1.383 3
2001	72.11	50.55	61.33	38.02	1.613 1
2002	99.29	79.03	89.16	27.02	3.299 8
2003	101.18	119.51	110.345	44.52	2.478 5
2004	44.55	86.06	65.305	62.71	1.041 4
2005	175.71	114.22	144.965	39.06	3.711 3
2006	75.4	81.67	78.535	39.05	2.011 1
2007	107.27	107.27	107.27	41.27	2.599 2
2008	29.1	12.56	20.83	35.43	0.587 9
2009	55.41	74.83	65.12	36.77	1.771 0
2010	75.20	109.06	92.13	40.41	2.280
2011	75.97	76.88	76.43	41.39	1.846 6

数据来源：全国农产品成本收益资料汇编，1990~2012

（4）柑橘劳动力投入量（单位：天/公顷，记作 LD_t，下标 t 为年份）。柑橘产业的发展是需要劳动力的投入，柑橘栽种、施肥、打药、剪枝、疏花等，特别是最后的采摘运输对劳动力的需求更大。但是，柑橘产地的劳动力已经出现不足，大量青壮年劳动力外出打工，产地的劳动力主要以老年人为主。日常管理还能应付，一旦到了收获季节，劳动力不足的问题非常突出，劳动力价格就随之上涨。在江西赣州，湖北宜昌等地，男劳动力一天的工价为 120~150 元，女劳动力也达到 100 元。有时即使出高价也请不到劳动力，从而导致部分柑橘因没有及时收获而损坏成为次果，降低了柑橘品质。目前国家启动了果园省力机械运输装置的研究与开发，但目前还在试验阶段，对劳动力的替代还很有限。

本书柑橘劳动力投入以每公顷投入的劳动日工数代表（一个劳动力做一天为一个工），其数据来源于《全国农产品成本收益资料汇编》。

（5）市场化水平（单位：美元/人，记作 SC_t，下标 t 为年份）。市场化水平是反映市场活跃的程度，指人员、物资、技术、信息、产品等相互交换交流的状况。本书以人均年社会消费品零售额表示，数据来源于《中国统计年鉴》。市场化水平不是属于柑橘产业体系内部的变量，也不是柑橘体系内部能决定的。改革开放特别是实行市场经济以来，中国民间资本和政府资本投入力度明显加大，旅游、房地产、信息技术、餐饮等新兴产业日益兴起，各地地方保护法规逐步取消，行政审批过程简化，个人创业门槛放低，再加上中华民族勤劳的民族特性和创业立家的文化传统极大地促进了市场经济的发展，使得中国不断的创造着经济的奇迹。1992～2011 年的市场化水平的数据充分能说明这一点。

如图 4-8 显示，中国市场化水平不断增强。2011 年，人均社会消费品零售额 2113.46 美元，比 1992 年的 190.95 美元增加了十多倍。

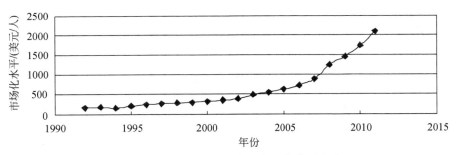

图 4-8　1992～2011 年中国市场化水平变动

（6）农业财政支持（单位:%，记作 NZ_t，下标 t 为年份）。中国财政对农业的支持是随着国家经济发展水平而进行的，特别是 20 世纪 90 年代以来，农业和农村经济的发展取得显著进步，国家财政对农业的支持力度也在加强。本书用农业财政支出占国家财政支出的比例来衡量中国对柑橘业的支持力度，其数据来源于《中国农村统计年鉴》。由于农业财政支持的力度是由政府控制的，因此它可以理解成是一个外生变量。

加大农业财政支持对柑橘产业的发展具有积极的影响：其一，能够增加科技的投入，提高柑橘的效益，增加产量；其二能减少风险，稳定农民的收入，增强是农民种植柑橘的积极性。图 4-9 显示，1992～2011 年，中国财政对农业的支持绝对力度在加大，但其占国家财政总支出的比例变化不大，基本上是在

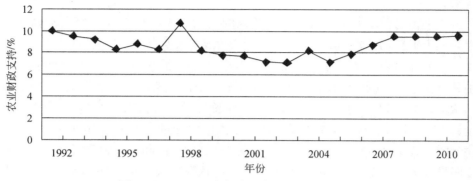

图4-9 1992～2011年中国农业财政支持变动

9%左右波动。

(7) 交通状况(单位:吨/人,记作JT_t,下标t为年份)。交通状况是反映物资交流畅通的程度,本书用每年人均货物运输量来表示,数据来源于《中国统计年鉴》。交通状况不是属于柑橘产业体系内部的变量,不受柑橘产业所决定,但它对柑橘产业的发展起着非常重要的作用。中国柑橘主要分布在长江中下游的广大山区,交通不便,信息闭塞,对外交流少,柑橘对外销售速度慢。再加上柑橘生产的季节性,柑橘类水果在消费者眼里属于稀罕品。1992年以后,中国经济进入快车道,特别是最近10年,农村的基础设施如道路、桥梁、车站建设步伐加快,极大地改善了柑橘产区的交通状况,提高了柑橘的销售能力。

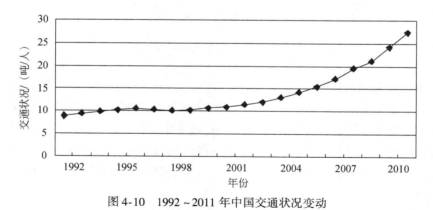

图4-10 1992～2011年中国交通状况变动

图4-10显示,柑橘销售能力已经由1992年的人均8.93吨上升到2011年的人均27.44吨,增长较为迅速。

(8) 柑橘生产成本(单位:美元/公顷,记作C_t,下标t为年份)。柑橘总生产成本包括柑橘物质费用投入和劳动力投入值之和，其中物质费用包括化肥、农药、灌溉、种子、机械等费用。它既是影响柑橘产量的重要因素，也是影响柑橘消费价格以及出口量的主要因素。生产成本的高低直接影响着种植柑橘的纯利润，也决定着柑橘销售价格的形成，从而也决定了柑橘出口价格的形成。从成本的结构来看，中国柑橘生产中的物质费用过高，制约了成本的进一步降低和中国柑橘的质量。从国家柑橘产业技术研发中心产业经济研究室的调查资料显示，以江西赣州为例，每 500 克赣南脐橙购买化肥需要花费 0.3 元，农药 0.15 元，两项加起来约 0.45 元左右，几乎占去了总成本的 70% 以上。

图 4-11 显示，中国柑橘成本在 2000 年以后增长迅速，2011 年每公顷 131.33 美元，是 2000 年每公顷 20.59 美元的 6 倍。成本的急剧增加，销售价格的平稳波动，使得柑橘种植的利润不断减少。近几年柑橘销售愈发困难，增产不增收已经日益成为常态。

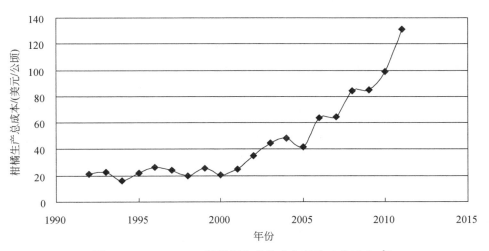

图 4-11　1992～2011 年柑橘生产总成本变动（美元/hm²）

（9）农民受教育程度（单位：年，记作 WH_t，下标 t 为年份）。农民受教育程度是决定柑橘劳动生产率水平的一个关键因素。其原因在于：①农民受教育程度决定了其生产经营能力大小。农民受教育程度越高，其市场意识、信息意识、科技意识越强，越能紧紧围绕市场需求组织生产，捕捉市场信息，抢占柑橘市场，向新品种、新技术要市场、要效益。因此，其受教育程度越高，单位劳动力带来的收益越大。②农民文化水平是农业科技水平的集中体现。农民是农业生产的主体，也是科学技术转化为农业产出的具体实践者。综合以上，农民受教育程度是影响劳动生产率的一个关键因素，而柑橘产业恰恰就是一个能充分体现劳动者智慧的产业。

本书用农民家庭劳动力的平均受教育的时间衡量农民的受教育程度，并假定每个阶段受教育时间如表4-6所示。然后用每个阶段农民人数所占比重与相应年数相乘，得到每年农民的平均受教育时间。具体数据计算见表4-7。

表4-6　每阶段受教育时间

学历	文盲及半文盲	小学	初中	高中	大专及以上
受教育时间/年	2	6	9	12	16

表4-7　1990～2011年农民平均受教育时间

年份	文盲及半文盲	小学	初中	高中	中专	大专及以上	平均受教育年限
1990	41.46	233.16	295.56	83.52	6.12	1.6	6.61
1991	33.14	246.18	305.37	95.04	6.96	1.92	6.89
1992	30.96	239.46	321.93	96.96	7.8	2.4	7.00
1993	30.58	229.26	336.87	98.4	8.4	2.72	7.06
1994	29.36	223.14	347.31	102.12	9.84	3.36	7.15
1995	26.94	219.72	360.9	103.32	11.52	3.84	7.26
1996	22.46	213.12	385.47	106.92	14.4	4.96	7.47
1997	20.2	210.72	398.7	106.92	14.88	5.28	7.57
1998	19.12	206.94	404.91	109.8	17.52	5.92	7.64
1999	17.92	201.9	414.45	112.56	18.84	6.4	7.72
2000	16.18	193.32	432.63	111.72	21.96	7.68	7.83
2001	15.38	186.84	439.92	115.8	24.24	9.76	7.92
2002	15.18	183.78	443.97	117.72	25.08	8.96	7.95
2003	14.78	179.64	452.16	116.16	25.32	10.24	7.98
2004	14.92	175.2	453.42	120.6	25.56	12.32	8.02
2005	13.74	163.38	469.98	123	28.44	16.96	8.16
2006	13.3	158.22	475.29	126.24	28.8	20	8.22
2007	12.68	154.56	476.19	99.09	30.48	23.2	7.96
2008	12.3	151.8	475.29	102.6	31.92	26.88	8.01
2009	11.46	146.64	471.96	108.45	35.16	38.56	8.12
2010	10.94	159.06	476.73	88.74	30.48	42.4	8.08
2011	10.45	172.42	481.50	72.68	26.43	46.64	8.10

数据来源：根据中国农村统计年鉴相关年份数据计算得到

　　表4-7的数据显示，1990～2011年，中国农民平均受教育年限不断提高。

2011 年农民平均受教育年限为 8.10 年，比 1990 年提高了近 1.5 年。从我们的调查资料可以看到[①]，柑橘种植户主要劳动力一般为初中毕业，小学毕业和高中、中专的比例较小。广大柑橘产区，文化层次比较高的农民并没有真正处在柑橘种植第一线。文化层次较高的年轻人一般都外出打工，或者从事柑橘贸易和柑橘服务。

（10）柑橘科技进步率（记作 KJ_t，下标 t 为年份）。长期以来，为了提高柑橘产业的世界竞争力，中国政府支持了一系列柑橘相关研究，包括栽培技术、品种改良、包装储存、营销管理等。2007 年，柑橘已经被列为中国重点发展的 12 种主要农作物之一。中国在科学研究上的持续投入吸引一大批科技工作者投身柑橘品种研究，这些对于柑橘产量的增长起到了至关重要的作用。同时，随着中国与世界的融合，先进的管理经验和技术不断被引进，中国柑橘产业还有较大的提升空间。

参考汪晓银等（2009）测算柑橘科技贡献率的方法，运用全要素生产率的变动来度量科技进步。

$$\mu_t = \frac{d\ln Y_t}{dt} - \left(\frac{\alpha}{\alpha+\beta+\gamma} \frac{d\ln S_t}{dt} + \frac{\beta}{\alpha+\beta+\gamma} \frac{d\ln K_t}{dt} + \frac{\gamma}{\alpha+\beta+\gamma} \frac{d\ln LD_t}{dt} \right)$$

$$(4\text{-}1)$$

式中，μ_t 表示柑橘科技进步率；Y_t 表示每年的柑橘产量；S_t 表示每一年的柑橘种植面积；K_t 表示每一年柑橘物质费用的投入，包括化肥、农药、灌溉等；LD_t 表示每一年劳动力投入量。

同时运用变系数对数线性模型拟合产量对于种植面积、物质费用投入和劳动力投入量的弹性。

$$\ln Y_{it} = a_i + (b_{0i} + b_{1i}t)\ln S_{it} + (c_{0i} + c_{1i}t)\ln K_{it} + (d_{0i} + d_{1i}t)\ln L_{it}$$
$$+ e \times W_{it} + u_{it} \tag{4-2}$$

式中，Y_{it} 表示第 i（$i = 1, 2, \cdots, 8$）个省份（湖南、湖北、江西、福建、广东、广西、浙江、四川）的柑橘总产量（单位：万吨）；t 表示年份；S_{it}、K_{it}、L_{it} 分别表示各个省份的柑橘种植面积、劳动力投入以及物质费用值（单位分别是千公顷、天、元）；b_{ji}、c_{ji}、d_{ji}（$j = 0, 1$）表示系数；W_{it} 表示第 i 省份第 t 年的天气变量；u_{it} 为随机扰动项。

另外，为了消除截面数据作样本时出现的异方差和时间序列的自相关问题，本书采用了加权最小二乘法（WLS, Cross-section SUR）；还考虑到模型仅就中国柑橘主要生产省份数据资料进行研究，所以选择了固定效应方法。模型

---

① 根据国家柑橘产业技术研发中心产业经济研究室调查资料得到。调研表详见附件 3。

在拟合过程中出现了序列相关问题，因此在模型（4-2）的基础上增加了含有 AR（1）项，模型变为含有 AR（1）项的固定影响变系数模型。模型为：

$$\ln Y_{it} = a_i + (b_{0i} + b_{1i}t)\ln S_{it} + (c_{0i} + c_{1i}t)\ln K_{it} + (d_{0i} + d_{1i}t)\ln L_{it}$$
$$+ e \times W_{it} + u_{it}, \qquad u_{it} = \rho_i u_{i(t-1)} + \varepsilon_{it} \tag{4-3}$$

利用收集到的 1992～2011 年 8 个省份的数据，利用 SAS 软件，对存在时空差异的情况下的回归模型进行估计，得到柑橘产量对柑橘种植面积、物质费用投入、劳动力投入量的全国平均弹性；并代入式（4-1）得到柑橘科技进步率，见表4-8。

表4-8　1992～2011 年中国柑橘科技进步率

年份	土地弹性	物质费用弹性	劳动力弹性	科技进步率	年份	土地弹性	物质费用弹性	劳动力弹性	科技进步率
1992	1.498	0.2944	-0.246	0.016	2002	1.438	0.3264	-0.226	0.02
1993	1.492	0.2976	-0.244	0.023	2003	1.432	0.3296	-0.224	0.021
1994	1.486	0.3008	-0.242	0.025	2004	1.426	0.3328	-0.222	0.024
1995	1.48	0.304	-0.24	0.021	2005	1.420	0.3360	-0.220	0.03
1996	1.474	0.3072	-0.238	0.019	2006	1.414	0.3392	-0.218	0.026
1997	1.468	0.3104	-0.236	0.022	2007	1.4103	0.3421	-0.212	0.034
1998	1.462	0.3136	-0.234	0.016	2008	1.4002	0.3475	-0.206	0.029
1999	1.456	0.3168	-0.232	0.028	2009	1.3952	0.3522	-0.195	0.031
2000	1.450	0.32	-0.230	0.017	2010	1.3211	0.3584	-0.188	0.028
2001	1.444	0.3232	-0.228	0.027	2011	1.2625	0.3623	-0.182	0.027

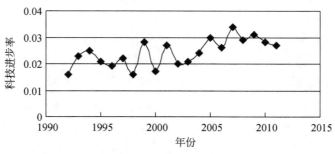

图4-12　1992～2011 年中国科技进步率变动

从图4-12得出，中国柑橘科技进步率基本上保持稳定，大致在 0.02～0.35 变动。其中，科技进步率最高的年份是 2007 年，达到 0.034。

近些年来，现代农业柑橘产业技术体系一大批岗位科学家、试验技术人员，建立了科研、生产、贸易相结合的自上而下的柑橘产业服务体系。这对于科研成果向生产力的转化提供了一个平台使得柑橘作物栽培、品种改良、省力机械的研究、土壤施肥、病虫害防治等生产技术更加快捷准确地服务于柑橘生产。

综上所述，得到影响柑橘供给量的制约指标数据，如表4-9所示。

表4-9　影响柑橘供给量的制约指标数据

年份	柑橘种植面积/千公顷	灾害/%	柑橘竞争力	柑橘劳动力投入量/（天/公顷）	市场化水平/（美元/人）	农业支持/%	交通状况/（吨/人）	生产成本/（美元/公顷）
1992	1 087.3	50.4	3.339	125 354.8	131.643	10	8.93	21.4
1993	1 130.3	47.4	1.296	102 832.7	141.086	9.5	9.41	22.8
1994	1 123.9	57.0	1.477	104 661.3	108.863	9.2	9.85	16.2
1995	1 214.1	48.6	1.016	92 962.98	125.913	8.3	10.19	22.1
1996	1 279.8	45.2	1.961	93 293.05	163.226	8.8	10.59	26.3
1997	1 309.2	56.7	0.713	104 079	205.366	8.3	10.32	23.9
1998	1 270.4	50.2	1.473	111 415.2	244.496	10.7	10.13	20.1
1999	1 282.8	53.5	1.630	87 421.18	266.743	8.2	10.28	25.7
2000	1 271.8	62.9	1.383	83 358.62	282.261	7.8	10.72	20.6
2001	1 323.7	60.9	1.613	87 163.67	299.047	7.7	10.98	25.2
2002	1 404.5	57.9	3.300	128 099.5	325.556	7.2	11.55	35.4
2003	1 505.7	59.7	2.479	158 776.1	355.891	7.1	12.08	44.5
2004	1 627.2	43.9	1.041	151 631.8	384.794	8.2	13.13	48.1
2005	1 717.3	51.4	3.711	82 250.08	496.097	7.2	14.24	41.6
2006	1 814.5	59.9	2.011	127 432.3	574.202	7.9	15.5	63.8
2007	1 941.4	51.2	2.599	100 554.8	675.638	8.7	17.22	64.4
2008	2 031	55.7	0.588	91 532.1	836.986	9.5	19.47	84.4
2009	2 160.3	45	1.771	88 545.3	988.397 6	9.5	21.17	84.9
2010	2 211	49.5	2.280	71 785.6	1 277.304 6	9.5	24.18	98.9
2011	2 288.3	38.3	1.847	80 079.1	1 539.323	9.6	27.44	131.3

注：教育程度、柑橘科技进步率数据见表4-7和表4-8

4.3.2 影响柑橘国内鲜果消费量的制约指标

结合消费理论和前人的研究成果，初步认定影响柑橘国内鲜果消费量的制约指标有恩格尔系数、市场化水平、城镇化率、交通状况、物价指数、边际消费倾向、替代品价格以及城乡差距等。

市场化水平越高，交通状况越好，作为在山区种植的柑橘销售就会更加畅通。这两项指标不仅影响着供给量也影响着消费量。柑橘是个易腐烂的水果，中国柑橘消费又是以鲜果为主，时令新鲜的水果更加会得到消费者喜爱。由于前面对市场化水平和交通状况的数据已经进行过统计，在此不再叙述。

（1）物价指数（单位：%，记作 CPI_t，下标 t 为年份）。物价指数是反映出售商品价格变动情况的指数。柑橘销售价格有出售、零售、批发等价格，本书用居民消费价格总指数代表柑橘销售价格指数（1990 年＝100）。其数据来源于《中国统计年鉴》。物价指数是多个商品价格变动的综合，柑橘产品特有的属性无法影响其物价的变动，但物价指数的变动对柑橘的消费有影响，因此本书将其作为外生变量。

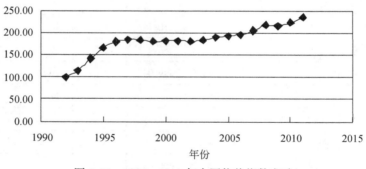

图 4-13   1992～2011 年中国物价指数变动

在收入一定的情况下，物价指数会直接影响消费者对柑橘的消费量。作为反映通货膨胀水平的重要指标，物价指数衡量了普通居民的消费支出受到通货膨胀的影响程度。当物价指数居高不下时，表明发生的通货膨胀导致居民购买满足其基本生活的必需品所花费的金额增加了，或者说通货膨胀使得消费者手中的货币购买力降低。即使假定消费者所消费的各种商品的比例不变，以全国 13 亿多人口的基数等比缩小相应倍数，也会对中国柑橘的消费量带来巨大的影响。从图 4-13 可以看出，中国居民消费物价相对于 1992 年不断上涨，20 年上涨了一倍多。

（2）边际消费倾向（记作 MC_t，t 为年份）。边际消费倾向反应了消费者一定的消费偏好。消费者对于柑橘的消费偏好与否对柑橘的消费、供给和价格都可能会产生影响。柑橘边际消费倾向是消费者每增加一单位收入所愿意用于消费柑橘的金额。由于国家没有公布柑橘消费的金额，所以本书就用全国人均水果消费量的变化量与居民可支配收入的变化量的比值作为柑橘边际消费倾向的度量，其数据来源于《中国统计年鉴》（图 4-14）。边际消费倾向是消费者的个人偏好，是由消费者自己决定的，因而是个外生变量。

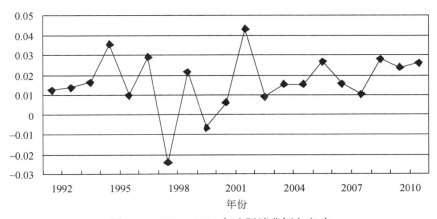

图 4-14　1992~2011 年边际消费倾向变动

柑橘边际消费倾向反映了人们对柑橘水果喜好程度。总结前人（祁春节等，2001）的研究成果得知，当居民生活水平达到一定程度之后，收入增加的部分会进行高档食品消费和其他非食品支出。从图 4-14 可知，中国居民对水果的边际消费倾向不断提高，说明包括柑橘类的水果消费随着居民生活水平的提高而提高。

（3）替代品价格（单位：美元/吨，记作 TP_t，t 为年份）。根据微观经济学理论，商品的价格以及相关商品的价格对商品的需求有重要影响。柑橘、苹果、梨和香蕉并列为最主要的水果消费品种（刘英杰，2005）。苹果作为中国产量最大的水果成为了柑橘消费的最大替代品，其价格的变化对柑橘的消费量会产生较大影响。本书将用苹果的销售价格作为柑橘的替代品价格，其数据来源于《全国农产品成本收益资料汇编》各相关年份。

作为非必需品，柑橘需求价格弹性大。当柑橘的销售价格变得相对于可替代品更高时，消费者就会倾向于将原用于消费柑橘的钱用于消费柑橘的替代品，以期获得更大的效用。因此，苹果、梨和香蕉的消费量与柑橘的消费量处于一种相互竞争的关系中。图 4-15 中显示，柑橘销售价格和替代品销售价格具有共同的趋同性，即涨落一致。近些年来，我国苹果产业发展较快，销售期长，价格涨得较快，需求量大，值得柑橘产业借鉴和学习。

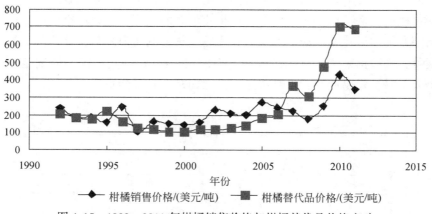

图 4-15　1992～2011 年柑橘销售价格与柑橘替代品价格变动

（4）恩格尔系数（单位:%，记作 EC_t，下标 t 为年份）。恩格尔系数是家庭人均食品支出总额占人均消费支出总额的比重。一般而言，一个人为了能够生活下去，基本的食品开支是必要的，因此，对于收入比较低的家庭，人均食品开支在人均家庭支出中所占的比重就大些；反之，收入高的家庭，就会花更多的钱满足其他的需求，例如教育、医疗、旅游等，那么食品支出的金额可能会增加，但其在整个消费支出的比例会减小。这个比例就是恩格尔系数。柑橘不是生活必需的产品，而是一种高档食品。当恩格尔系数降低之后，人们会增加消费支出，但增加的部分基本上投在了高档食品以及其他享受性开支上，如柑橘的消费等。《中国统计年鉴》提供了城镇居民家庭恩格尔系数与农村居民家庭恩格尔系数。综合的恩格尔系数是城镇居民家庭恩格尔系数与农村居民家庭恩格尔系数的加权平均。权重分别是城镇人口比例与农村人口比例。

图 4-16 显示，1992～2011 年，中国城镇和农村居民家庭恩格尔系数都在不断地降低，2011 年综合恩格尔系数为 38.28，达到历史最低。另外，城镇与农村恩格尔系数均在下降，下降幅度相当，但城镇恩格尔系数总是低于农村，说明城镇生活水平要高于农村。

（5）城镇化进程（单位:%，记作 CZ_t，下标 t 为年份）。本书用城市人口占总人口比例来衡量城镇化进程，其数据来源于《中国统计年鉴》。无论从收入、社会福利还是人口素质，中国城乡相差较大，是一个典型的二元经济结构的国家。城乡居民对水果的消费量差异很大，城镇居民长期的人均水果消费量是农村居民人均水果消费量的 3 倍左右（表 1-1）。这是由不同的生活习惯以

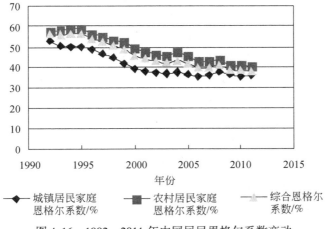

图 4-16　1992～2011 年中国居民恩格尔系数变动

及农村居民较为节省导致的。随着城镇化进程的不断推进，城市人口所占比例有所提升，更多的居民愿意在水果上消费，必然导致柑橘等水果消费量大幅度的增加。城镇化进程对于柑橘国内鲜果消费量的增加不仅体现在对城市柑橘需求的提升上，同样也促进了农村的柑橘国内鲜果消费量。对于城镇居民和农村居民而言，柑橘消费的收入需求弹性间存在较大的差别，农村居民的柑橘消费的收入需求弹性约为城市居民的 1.5～2 倍，这说明随着居民收入水平的上涨，中国农村存在着巨大的潜在柑橘需求。因此城镇化有助于提高柑橘消费，柑橘消费总量的增加是必然的。但是，柑橘国内鲜果消费量的增加能动地带动了柑橘种植面积的扩张。

对于总体人均水果消费来说，城镇化速率增量与人均水果消费增量表现出明显的相关性，祁春节（2005）的研究也显示了城镇化进程与柑橘国内鲜果消费量间的密切关系。

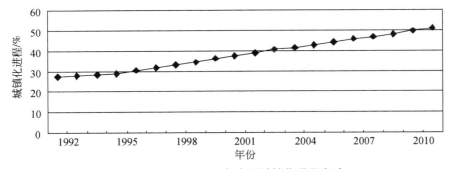

图 4-17　1992～2011 年中国城镇化进程变动

城镇化的本质就是经济社会结构变革的过程。十八大以及 2013 年"两会"均将城镇化作为今后一段时间国家工作的重点。城镇化速度加快有助于吸引更多的农民进入城镇，提高国民享受教育、医疗、卫生、交通、服务等方面的福利，同时能加快第三产业的发展，增加土地流转的速度与规模，加快农业现代化的步伐。国家正陆续出台一些政策，鼓励建立县级城镇以及有实力的乡镇级城镇，力求打破中国固有的二元结构，加大城乡结合的力度，促使城乡一体化。1992~2011 年，中国城镇化进程不断提高，图 4-17 显示，2011 年中国城镇化进程已经达到 51.27%，比 1992 年 26.21% 提高了近 1 倍。

　　城镇化进程有助于解决目前存在的柑橘销售困难的局面。城镇化是柑橘产业体系之外的宏观经济现象，是与国家的政策、政府的意愿密切相关，因此可以作为外生变量。

　　（6）城乡差距（单位：比值，记作 CXC_t，下标 t 为年份）。城乡差距是用城镇居民与农村居民可支配收入的比值来度量，比值越大反映收入差距就越大。数据来源于《中国统计年鉴》各相关年份。

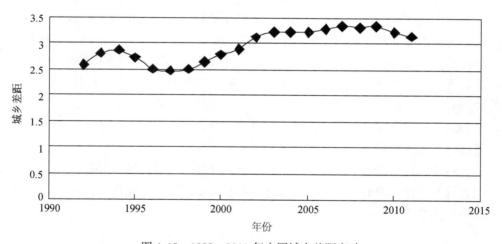

图 4-18　1992~2011 年中国城乡差距变动

　　图 4-18 显示，中国城乡差距较大，由 1992 年收入差距值 2.58 上升到 2011 年的 3.13。随着中国经济的不断发展，城乡差距居高不下对于柑橘消费有较大的影响。表 1-1 显示，城镇居民的人均柑橘消费量明显高于农村居民，正是收入差距不断拉大导致的。

　　综上所述，得到影响柑橘国内鲜果消费量的制约指标数据，如表 4-10 所示。

表 4-10 影响柑橘国内鲜果消费量的制约指标数据

年份	物价指数/%	边际消费倾向	替代品价格/（美元/吨）	恩格尔系数/%	城镇化水平/%	城乡收入差距
1992	110.017 6	0.012 6	7 224.459	56.349	27.46	2.585
1993	122.040 8	0.013 9	6 917.737	55.921	27.99	2.797
1994	142.342 7	0.016 4	4 627.148	56.374	28.51	2.863
1995	145.321 1	0.035 5	4 777.871	56.129	29.04	2.715
1996	126.819 3	0.010 1	4 801.424	54.002	30.48	2.512
1997	111.332 4	0.029 1	4 817.969	52.386	31.91	2.469
1998	101.977 6	-0.023 8	4 826.612	50.486	33.35	2.509
1999	97.811 2	0.021 7	4 829.494	48.937	34.78	2.649
2000	98.994 4	-0.005 9	4 831.852	45.602	36.22	2.787
2001	101.102 8	0.006 5	4 835.085	44.122	37.66	2.899
2002	99.894 4	0.043 3	4 837.501	42.868	39.09	3.111
2003	100.390 4	0.009 3	4 839.918	42.155	40.53	3.231
2004	105.146 8	0.015 5	4 842.452	43.233	41.76	3.209
2005	105.770 2	0.015 6	4 895.199	41.717	42.99	3.224
2006	103.327	0.026 7	5 032.740	39.839	44.34	3.278
2007	106.372	0.015 8	5 278.801	40.039	45.89	3.330
2008	110.983 2	0.010 6	5 782.494	41.029	46.99	3.315
2009	105.158 7	0.028 2	5 882.009	38.894	48.34	3.333
2010	102.576 9	0.023 8	5 938.400	38.400	49.95	3.228
2011	108.878 2	0.026 1	6 227.163	38.280	51.27	3.126

4.3.3 影响柑橘进出口量加工量的制约指标

中国柑橘的国际贸易需要有一个稳定的国际环境，其环境的改善取决于中国柑橘产品的国际竞争力和世界经济水平。人民币汇率的变动显然也会影响国际贸易结算的收支平衡，成为影响柑橘贸易环境的因素。综合前人的研究成果和国际贸易的相关理论，本书认为中国贸易环境、人民币汇率、世界经济水平、是否加入 WTO、中国人均 GDP 等可能是影响进出口量的主要原因。

（1）中国柑橘贸易环境（简称贸易环境，单位：%，记作 HJ_t，下标 t 为年份）。它是指中国柑橘进出口的政策与安全环境，本书用中国柑橘出口额占整个世界的柑橘出口额的比例来度量柑橘贸易环境，目的是想观察中国柑橘出口在世界上的竞争力。其数据来源于联合国贸易数据库。如图 4-19 所示，中国柑橘贸易环境总体保持上升，特别是到了 2002 年以后，上升势头更为迅猛。

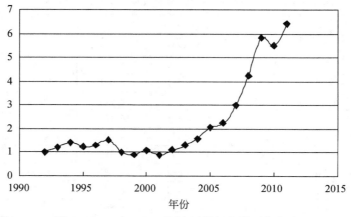

图 4-19　1992~2011 年中国柑橘贸易环境变动

（2）人民币汇率（记作 R_t，下标 t 为年份），用人民币汇率来表示，数据来源于《中国统计年鉴》各相关年份。汇率是影响进出口的一个非常重要的因素，Schuh（1974）最早提出汇率对农业而言是一个被忽略的显著变量。之后，大量研究（Konandreas et al.，1983；Maskus，1986；Pick，1990）定量分析名义汇率和实际汇率对农业贸易的影响。这些研究虽然采用了不同的实证研究方法，汇率变量选择也存在差异，但几乎一致地证实了汇率对农业贸易显著的负效应。一方面，汇率升值的负效应往往超过来自收入增长带来的正效应；另一方面，相比其他部门而言，这种负效应更加显著。

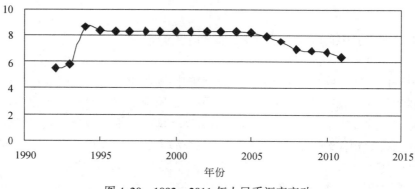

图 4-20　1992~2011 年人民币汇率变动

图 4-20 显示，人民币汇率自 1995 年开始一直在升值，近几年来升值幅度不断增强。2013 年 10 月，人民币汇率已经突破了 1 美元兑换 6.10 元人民币的大关，创历史新高。据专家预估，人民币汇率在今后一段时间还会继续升值。

（3）世界经济水平（单位：10^9 美元，记作 WJ_t，下标 t 为年份）。世界经济水平衡量的是整个世界的购买能力，采用整个世界的 GDP 代替。当世界经济水平提高时，中国柑橘可能会受到世界消费水平的提高导致的需求的增加而扩大出口。世界经济水平数据来自于世界银行（World Bank World Development Indicators，International Financial Statistics of the IMF）。

图 4-21 显示，1992～2011 年世界经济水平不断提高。2011 年的世界经济水平达到 69.98 万亿美元，几乎是 1992 年的三倍。

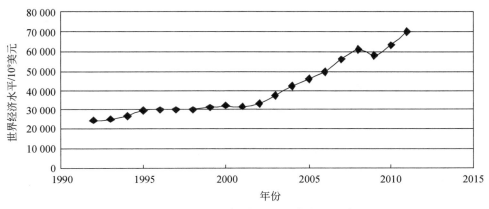

图 4-21　1992～2011 年世界经济水平变动

（4）是否加入 WTO（记作 WTO_t，下标 t 为年份）。本书用 1 表示已经加入，用 0 表示没有加入。中国从 2002 年正式加入了 WTO 组织，由于减少其他国家对中国柑橘产品出口的非关税壁垒措施等不公平待遇，中国经济特别是中国柑橘经济得到了快速发展。不仅是柑橘种植面积柑橘产量迅速增长，柑橘品种也日益丰富，进出口贸易数量剧增。加入 WTO 可能是中国柑橘经济发展，特别是柑橘进出口的分水岭。

（5）中国人均 GDP（单位：美元，记作 GDP_t，下标 t 为年份），数据来源于《中国统计年鉴》各相关年份。人均 GDP 反映了国家的综合经济实力。一般来讲，综合经济实力较强的国家，进出口贸易量就会较大。美国、日本、德国等发达资本主义国家就是符合这一现象的国家。中国近几年综合实力明显增强，2011 年人均 GDP 已经超过 5000 美元。实力的增强有助于中国进行柑橘的进出口贸易。

图 4-22 是中国人均 GDP 的趋势图。2003 年以后，中国人均 GDP 进步神速，2011 年达到 5434.006 美元，中国已经进入中等发达国家水平。

虽然近几年中国不再过分将 GDP 的数据作为国家经济发展的唯一衡量指

标，但人均 GDP 还是能够反映一个国家的综合实力。

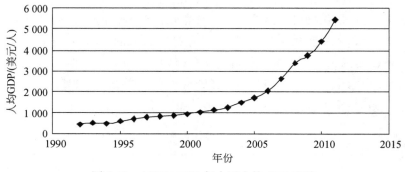

图 4-22　1992~2011 年中国人均 GDP 变动

（6）加工品工业化水平（简称为工业化水平，单位：吨，记作 GY_t，下标 t 为年份）。本书的工业化水平用中国加工罐头的产量来度量，其数据资料来源于《中国统计年鉴》各相关年份。图 4-23 显示，中国近几年的加工水平还是上升得比较快的，2011 年达到最高峰。随着中国机械工艺水平的不断提高以及人们对生活质量的不断追求，中国柑橘加工将得到快速发展。

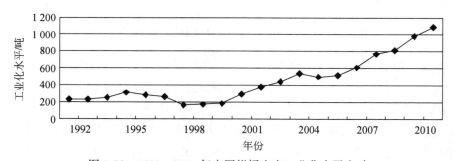

图 4-23　1992~2011 年中国柑橘生产工业化水平变动

综上所述，得到影响柑橘进出口量、加工量的制约指标数据，如表 4-11 所示。

表 4-11　影响柑橘进出口量、加工量的制约指标数据

年份	中国柑橘贸易环境/%	人民币汇率/元	世界经济水平/10^9 美元	是否加入 WTO	中国人均 GDP/美元	加工品工业水平/吨
1992	1	5.5146	24 659.39	0	416.675	224.3
1993	1.2	5.762	24 999.76	0	517.414	230.3

年份	中国柑橘贸易环境/%	人民币汇率/元	世界经济水平/10^9 美元	是否加入 WTO	中国人均GDP/美元	加工品工业水平/吨
1994	1.41	8.618 7	26 916.21	0	466.603	247.3
1995	1.23	8.351	29 787.13	0	601.037	310.57
1996	1.29	8.3142	30 394.73	0	699.478	282.61
1997	1.52	8.289 8	30 319.72	0	770.593	254.57
1998	1	8.279 1	30 203.27	0	817.132	156.46
1999	0.89	8.278 3	31 324	0	861.208	169.09
2000	1.08	8.278 4	32 334.24	0	945.595	178.2
2001	0.87	8.277	32 143.65	0	1 038.039	290.37
2002	1.11	8.277	33 393.01	1	1 131.791	375.17
2003	1.31	8.277	37 576.44	1	1 269.832	436.38
2004	1.57	8.276 8	42 280.91	1	1 486.017	533.56
2005	2.06	8.191 7	45 711.69	1	1 726.589	500.32
2006	2.25	7.971 8	49 513.35	1	2 064.311	513.88
2007	2.99	7.604	55 830.48	1	2 645.645	603.62
2008	4.24	6.945 1	61 238.97	1	3 404.939	764.77
2009	5.83	6.831	57 933.35	1	3 739.622	811.65
2010	5.51	6.769 5	63 195.16	1	4 423.267	980.52
2011	6.42	6.458 8	69 981.92	1	5 434.006	1 093.41

4.4　本章小结

本章实际上就是数据的收集与整理。本书涉及 33 个指标，20 年的数据，加上为整合这些数据而计算的小数据，前后历时一年多，共搜集了上万条数据。联合国贸易数据库、世界粮农组织数据库、美国农业部数据库以及国内的各主要数据库倾尽所览，辛苦之中也有些体会。

第一，柑橘市场预警的研究是一个复杂的系统，数据的真实性尤为重要。在搜集数据过程中，由于柑橘品种丰富，相互之间差异性大，不同国家的同一品种也难以保证品质相同。数据的综合会消除它们之间的差异性，从而导致预警研究不可能做到细致入微。

第二，在数据归纳整理时，初步确定影响核心指标和辅助指标的变量是一个权宜之计。世界经济是一个整体，中间的多个经济变量之间有着千丝万缕的关系。有些关系比较直接，有些关系要依托其他变量传递关联的信息。变量之间的信息复杂多变，并不是完全按照本章所述的经济规律运行。本章的归类整理只是学术研究的一个观点而已。

第三，本章一些数据并没有直接的原始数据，例如加工工业化水平、世界贸易环境等。为了研究的进行，本书用能近似反映其经济含义的指标来代替这些根本就无法获取的数据。例如，农业灾害数据，本书用成灾面积与受灾面积的比例来代替，基本上能够反映受灾的程度；但国家没有公布柑橘的受灾面积和成灾面积，用整个农业的成灾面积与受灾面积的比例代替柑橘成灾面积和受灾面积的比例也只是一个近似表达。因而本书搜集的数据并不能很准确地表达指标的含义。

第 5 章
中国柑橘市场预警模型
解释变量的确定

第 4 章已经解释了柑橘市场预警指标体系里的指标变量的经济含义，并将数据进行了收集与整理。本书的核心工作是建立柑橘市场预警模型，而模型里的指标变量可能会相互交织相互影响。经济变量最大的特点是数据的趋同性和趋反性。多个具有趋同或趋反的变量在模型中会严重影响着模型拟合的精度与经济变量的解释力度。根据计量经济学的理论，模型中每一个解释变量的选择既要照顾到其与被解释变量的数量关系，又要顾及到其与被解释变量的经济逻辑关系。

根据第 3 章柑橘市场预警理论模型构建的假设，每个子模型除了有相应的辅助变量进入模型之外，在农业经济学的客观规律中，还有其他经济变量可能与这些子模型的被解释变量有着密切的经济联系。第 4 章在进行统计数据收集整理分析中初步给出了一些与子模型被解释变量可能有联系的经济变量名称，但那只是初步的设想。设想是否符合实际将在本章的研究中得以检验。

本章将根据市场经济的变化规律和农产品预警的一般理论，结合经济学理论和柑橘产业发展的实际情况，分别从经济与数量两个角度对建立柑橘市场预警模型中的所有被解释变量进行相关的影响因素分析，尽可能地筛选出与子模型被解释变量有经济联系的变量，为第 6 章的理论模型的修正和实证作准备。

5.1 斯皮尔曼等级相关系数方法简介

斯皮尔曼（Spearman）相关系数是描述两组变量之间是否存在着相同或相反趋同性的一种指标，并且该检验不需要样本总体服从正态分布的前提条件，仅需要确定变量在每个点（时期）上的等级即可获得，因此具有较好的性质。在两组数据都没有重复观测值的情况下，斯皮尔曼等级相关系数的公式为：

$$r_{SP} = 1 - \frac{6\Sigma d_i^2}{n(n^2 - 1)}$$ (5-1)

式中，d_i 表示两组数据的等级之差，n 为样本量。

和其他的推断一样，当以样本的数据来推测总体时，由于样本带有随机性，在小样本时数据间有相关，但总体之间不一定相关。因此有必要进行假设检验。在此，设定原假设 H_0：研究的总体之间无相关（即 $\rho = 0$），备责假设为 H_1：研究的总体之间有相关（$\rho \neq 0$）。

检验的样本估计量为样本的相关系数 r_{SP}，在小样本的情况下临界值 r 可直接查表得到，大样本的情况下可以通过变换求得：

$$T = r_{SP} \sqrt{\frac{n - 2}{1 - r_{SP}^2}}$$ (5-2)

式中，T 服从自由度为 $n - 2$ 的 t 分布，则可以利用 SAS 或者其他软件进行检验。

5.2 柑橘市场预警主模型指标变量的确定

柑橘市场预警核心指标包括柑橘供给量、柑橘国内鲜果消费量、柑橘进口量、柑橘出口量、柑橘加工量。下面从经济学和数学两个角度来分析它们各自的影响因素，筛选出进入柑橘市场预警理论模型中的若干变量。

5.2.1 柑橘供给量模型解释变量的筛选

柑橘市场预警供应范畴核心指标主要是指柑橘产量、柑橘进口量。第 3 章的柑橘市场预警理论模型没有选择柑橘产量来构建子模型，原因是柑橘产量和柑橘供给量它们在数量上差距不大，但柑橘供给量的描述更能清晰地反映经济学的含义。因此，构建模型时本书就用柑橘供给量涵盖了柑橘产量。柑橘进口量子模型的构建可以弥补柑橘产量模型没有构建的不足。如果需要预测柑橘产量，就将预测的柑橘供给量减去预测的柑橘进口量就可以了。

表 5-1 给出了供给量与其他 32 个经济指标的斯皮尔曼等级相关系数[①]。

---

① 在做斯皮尔曼等级相关系数是时，科技进步率、是否进入 WTO、边际消费倾向、中国贸易环境不需要取对数，其余变量均取对数，下同。

表 5-1　柑橘供给量与其他 32 个变量的相关性检验

变量名	SP*	S**	GP	SC**	JT**	ZH	NZ	KJ**
相关系数	0.505 26	0.992 48	0.213 53	0.980 45	0.978 95	-0.121 80	-0.067 25	0.711 60
P 检验值	0.023 1	<0.000 1	0.366 0	<0.000 1	<0.000 1	0.609 0	0.778 2	0.000 4
变量名	JZ	LD	CXC**	CQ**	EC**	I**	CPI**	MC
相关系数	0.224 06	-0.348 87	0.786 47	0.998 50	-0.974 44	0.990 98	0.953 38	0.196 99
P 检验值	0.342 3	0.131 7	<0.000 1	<0.000 1	<0.000 1	<0.000 1	<0.000 1	0.405 2
变量名	CZ**	TP*	EQ**	IQ**	C**	EP	R*	WJ**
相关系数	0.992 48	0.479 70	0.968 42	0.951 88	0.926 32	0.276 69	-0.450 30	0.983 46
P 检验值	<0.000 1	0.032 3	<0.000 1	<0.000 1	<0.000 1	0.237 6	0.046 3	<0.000 1
变量名	Y**	HJ**	WTO**	IP**	GDP**	JQ**	GY**	WH**
相关系数	1.000 00	0.763 44	0.867 11	0.166 92	0.990 98	0.861 65	0.872 18	0.990 98
P 检验值	<0.000 1	<0.000 1	<0.000 1	0.430 1	<0.000 1	<0.000 1	<0.000 1	<0.000 1

* 表明在 0.05 水平下相关系数显著，** 表明在 0.01 水平下相关系数显著

表 5-1 显示，除了理论模型中的柑橘销售价格 SP 外，还有包括面积在内的 23 个变量与柑橘供给量等级相关。但等级相关的经济变量并不一定都符合经济上的含义，下面从经济学的角度阐述供给量的影响因素。

（1）供给量本身就是由产量和进口量计算得到，它们之间的相关系数高度相关是很正常的。另外，销售价格在理论模型中本身就是解释变量，因此在选择供给量的解释变量不应该将其考虑在内。

（2）每年的国内鲜果消费量是在供给量完成之后才发生的，具有时间的延后性。消费量与供给量高度相关，但只能说明中国国内鲜果消费量依赖于供给量。与此类似，加工量、出口量以及反映加工水平的工业化水平也不应纳入供给量的解释变量当中。WTO 政策的实施主要是为了进出口贸易。由于中国进口量很小，WTO 规则对供给量的影响很小，故也不把 WTO 变量纳入供给量的解释变量当中。

（3）边际消费倾向、恩格尔系数、城乡差距、人均 GDP 都是反映柑橘的消费能力的直接指标，而这些变量的发生均在供应发生之后，故也不纳入供给量的解释变量当中。

（4）自然灾害是影响柑橘生产的重要原因，但是在相关性上并没有得到体现。可能用整个农业成灾面积与受灾面积的比例来度量柑橘的受灾情况并不真实，也有可能近些年来科技的进步以及病虫害防治能力的增强，除了黄龙病

外，柑橘种植受病虫害的侵害程度已经大为降低。

（5）供给量主要由柑橘产量和进口量决定。影响农作物产量的两个最直接的因素就是面积和单产。在单产一定的情况下，产量与面积是成正比的关系，所以柑橘种植面积是影响柑橘产量的一个重要因素。柑橘种植面积的多少虽然是由种植柑橘的农民决定的，但是也在一定程度上受市场因素的影响。

（6）世界经济水平和中国贸易水平主要是反映进出口的直接变量。由于柑橘供给量是由柑橘产量和进口量相加得到，而柑橘进口量是与世界经济水平和中国贸易水平紧密相关的。世界经济水平越高，包括中国在内购买柑橘产品的能力就越强，中国和外国柑橘产品的贸易量就会增大。中国的贸易环境也是决定着贸易规模大小的，环境越好，贸易政策就越好，从事贸易的利润空间就会有保障。

（7）根据柑橘的生产特性，物质费用投入是至关重要的。物质费用包括化肥、农药、灌溉、种子、机械等费用。合理使用化肥可以提高柑橘的产量和质量，达到增产的效果。植物保护是柑橘生产中重要的环节。世界谷物生产统计表明，每年因病虫害造成的损失约为 10% 以上，投入 1 元农药成本可以取得 8～10 元的经济效益。而且中国人口众多，柑橘的生产必须保持稳定高产，才能满足中国人民日益增长的物质需求。

（8）中国柑橘业科技水平不断提高，柑橘综合生产能力就会有实质性增强。柑橘科技水平的进步，会尽可能地减轻限制柑橘生产的诸如气候、位置、土地等条件的影响程度。针对中国目前柑橘生产的现状，最重要的技术措施应包括提高土地生产率的技术，即设施栽培的关联技术；适应自然环境的品种及种植方法的改良技术，即新品种及新栽培技术；经济性及物理性的距离的缩短技术，即包装和运输技术。

（9）农民受教育程度决定了柑橘种植质量和生产经营能力大小。农民受教育程度越高，其市场意识、信息意识、科技意识越强，越能紧紧围绕市场需求组织生产，捕捉市场信息，抢占柑橘市场，向新品种、新技术要市场、要效益。因此，其受教育程度越高，单位劳动力带来的收益越大。

（10）交通状况、市场化水平以及城镇化进程反映了市场经济的活跃程度。柑橘几乎都在山区种植，其销售运输的速度影响着农民种植柑橘的意愿。市场化水平高低的一个明显标志是交通是否发达。柑橘贸易对交通的依赖程度相当高，这主要是由柑橘的商品特性所决定的。柑橘商品不但品种多样，标准化困难，而且作为新鲜产品，多数柑橘具有易腐性，不耐储藏。因此作为柑橘流通体系的重要组成部分，柑橘交通不但要求能保持柑橘商品鲜度，而且要加速柑橘在空间上转移的速度，使得柑橘供应能够快捷、迅速、安全。

（11）居民可支配收入影响着柑橘生产的力度。对于柑橘种植农民来讲，自己的收入高了就有资金进行柑橘种植的投资，能够进行柑橘品种的结构调整。整个国家居民收入高了，人们就会有能力消费更高品质的柑橘品种，这种正能量的信息传到柑橘产区势必会对柑橘生产有较大的推动作用。

根据农业经济生产方面的相关理论以及前人的研究成果（朱希刚，1997；黄季焜，1999；汪晓银，2004）可以得出，与柑橘的供给量有密切经济联系的变量主要有柑橘种植面积、市场化水平、交通状况、科技进步率、居民可支配收入、城镇化进程、柑橘替代品价格、柑橘生产总成本、人民币汇率、世界经济水平、中国贸易环境、农民受教育程度 12 个变量。再加上供给量模型中的柑橘销售价格，总共有 13 个因素。

5.2.2　柑橘国内鲜果消费量模型解释变量的筛选

根据农产品的一般消费研究结论以及第 2 章的研究结论，柑橘国内鲜果消费量除了与柑橘的价格、居民收入有关系外，还可能与其他经济因素有关，例如恩格尔系数、市场化水平、城镇化进程、交通状况、物价指数、边际消费倾向、替代品价格、出口量、供给量等有关。但这需要经济学和统计学上的验证检验。

所有变量筛选的思路与供给量变量筛选的思路一样，将柑橘国内鲜果消费量与其余 32 个变量作斯皮尔曼等级相关系数检验，得到了相关系数如表 5-2 所示。

表 5-2 显示，除了加工品的价格、自然灾害、农业财政支持力度、柑橘竞争力、劳动力投入量以及出口价格外，其余变量均与柑橘国内消费量高度相关。另外，居民可支配收入和柑橘销售价格本身就在模型里面，它们对柑橘国内鲜果消费量的影响是显而易见的，在此将不纳入解释变量的讨论范畴。

下面进行柑橘国内鲜果消费量影响因素的经济学分析。

（1）供给量、种植面积、科技进步率、柑橘产量等对柑橘消费的影响是显而易见的。柑橘的供给量是决定柑橘消费量最主要的因素。而柑橘种植面积与科技进步率决定了供给量的大小（朱希刚，1997）。供给量是由产量计算而来，它们之间显然是高度的线性相关。为模型计算的明晰，这里留下柑橘产量进入模型，既可以减少模型解释变量核心变量的个数，又可以代表柑橘供给量的相关信息。

表 5-2　柑橘国内鲜果消费量与其他 32 个变量的相关性检验

变量名	SP *	S **	GP	SC **	JT **	ZH	NZ	KJ **
相关系数	0.520 30	0.995 49	0.230 08	0.977 44	0.984 96	−0.127 82	−0.079 34	0.715 36
P 检验值	0.018 7	<0.000 1	0.329 1	<0.000 1	<0.000 1	0.591 2	0.739 5	0.000 4

变量名	JZ	LD	CXC **	GQ **	EC **	I **	CPI **	MC **
相关系数	0.233 08	−0.356 39	0.787 97	0.998 50	−0.971 43	0.987 97	0.945 86	0.964 27
P 检验值	0.322 7	0.123 0	<0.000 1	<0.000 1	<0.000 1	<0.000 1	<0.000 1	<0.000 1

变量名	CZ **	TP *	EQ **	IQ **	C **	EP	R *	WJ **
相关系数	0.989 47	0.485 71	0.965 41	0.953 38	0.938 35	0.284 21	−0.447 29	0.986 47
P 检验值	<0.000 1	0.029 9	<0.000 1	<0.000 1	<0.000 1	0.224 6	0.048 0	<0.000 1

变量名	Y **	HJ **	WTO **	IP **	GDP **	JQ **	GY **	WH **
相关系数	0.998 50	0.771 72	0.867 11	0.763 91	0.987 97	0.858 65	0.882 71	0.987 97
P 检验值	<0.000 1	<0.000 1	<0.000 1	<0.000 1	<0.000 1	<0.000 1	<0.000 1	<0.000 1

* 表明在 0.05 水平下相关系数显著，** 表明在 0.01 水平下相关系数显著

（2）交通状况、市场化水平、城镇化程度等社会宏观指标表现了一个国家经济活跃的程度。目前各大中城市中柑橘批发是依靠农产品交易市场，零售则依靠农贸市场，个体商贩则是销售终端。从农户家庭将柑橘收集后运往批发市场、果品从产地向消费目的地的运输主要依靠着公路、铁路等交通体系，且依赖程度相当高（刘英杰，2001）。柑橘作为新鲜果品，易腐烂、不耐储藏、不耐挤压，对于运输时间的要求特别高。因此，交通的通畅、市场化销售的能力和城镇化带来的交通便利及城镇居民的购买能力都是保证柑橘鲜品的新鲜度和柑橘销量的重要因素。

（3）恩格尔系数、城乡差距、人均 GDP 是反映柑橘购买能力的因素。一般来讲，恩格尔系数越低，人均 GDP 越高，居民生活越富足，购买高档消费品的能力就越强。这些类型的变量只将恩格尔系数纳入模型解释变量中，既可以反映购买能力，又能简化模型的建立。

（4）生产成本、柑橘进口价格、替代品价格、物价指数等反映居民柑橘消费的理性需求。价格是居民消费的重要参考依据，与生产成本与销售价格的制定密切相关。柑橘进口价格和替代品价格会影响居民的消费选择。但这些反映理性需求方面的变量之间也是高度相关，为清晰反映市场价格变化，此处选择物价指数进入模型。

（5）世界经济水平、中国贸易环境、出口量、是否加入 WTO 等反映的是进出口贸易方面的因素。进出口环境改善将有利于中国柑橘的对外贸易，减轻国内鲜果消费的压力。在这些反应同一属性的变量里面选择出口量进入模型，

能够代表这类指标，同时表达的概念也比较清晰。

总结前人的研究成果（蒋乃华和辛贤等，2003；黄季琨和斯·罗泽尔，1998；汪晓银，2004），本书选择市场化水平、交通状况、城镇化进程、恩格尔系数、柑橘产量、世界经济水平、物价指数、边际消费倾向、替代品价格进入柑橘国内鲜果消费量模型中，再加上居民可支配收入和柑橘销售价格，总共有 11 个变量。

5.2.3 柑橘进口量模型解释变量的筛选

最近十几年来，中国柑橘进口量增速较快，其变化受到多个因素的影响。本书首先将柑橘进口量和柑橘市场预警指标体系框架里的其他 32 个变量进行斯皮尔曼等级相关系数检验，得到相关系数表，如表 5-3 所示。

表 5-3 柑橘进口量与其他变量的相关性检验

变量名	GQ^{**}	SP	S^{**}	GP	SC^{**}	JT^{**}	ZH	NZ
相关系数	0.951 88	0.418 05	0.942 86	0.2	0.947 37	0.956 39	−0.004 51	−0.110 31
检验值	<0.000 1	0.066 6	<0.000 1	0.397 9	<0.000 1	<0.000 1	0.984 9	0.643 4

变量名	KJ^{**}	JZ	LD	CXC^{**}	CQ^{**}	EC^{**}	I^{**}	CPI
相关系数	0.607 68	0.153 38	−0.356 39	0.769 92	0.953 38	−0.948 87	0.957 89	−0.369 92
检验值	0.004 5	0.518 5	0.123	<0.000 1	<0.000 1	<0.000 1	<0.000 1	0.108 4

变量名	MC	CZ^{**}	TP^{**}	EQ^{**}	C^{**}	EP	R^{**}	WJ^{**}
相关系数	0.033 08	0.959 4	0.416 54	0.905 26	0.875 19	0.206 02	−0.509 64	0.957 89
检验值	0.889 9	<0.000 1	0.008 7	<0.000 1	<0.000 1	0.383 5	0.002 9	<0.000 1

变量名	Y^{**}	HJ^{**}	WTO^{**}	IP^{**}	GDP^{**}	JQ^{**}	GY^{**}	WH^{**}
相关系数	0.951 88	0.682 96	0.780 4	0.714 29	0.957 89	0.772 93	0.821 05	0.957 89
检验值	<0.000 1	0.000 9	<0.000 1	0.000 4	<0.000 1	<0.000 1	<0.000 1	<0.000 1

* 表明在 0.05 水平下相关系数显著， ** 表明在 0.01 水平下相关系数显著

表 5-3 的结果显示，通过相关系数检验的指标总共有 22 个，它们分别是柑橘供给量、柑橘种植面积、柑橘科技进步率、柑橘产量、生产成本、市场化水平、城镇化进程、交通状况、柑橘国内鲜果消费量、柑橘替代品价格、柑橘加工量、柑橘出口量、世界经济环境、是否加入 WTO、中国贸易环境、人民币汇率、人均 GDP、居民可支配收入、城乡差距、恩格尔系数、工业化水平、柑橘进口价格、农民受教育程度。除了理论模型中存在的柑橘进口价格外，与柑橘进口量高度相关的变量并不需要都进入预警模型，这需要经济学和统计学

的双重考量。

（1）柑橘供给量、柑橘种植面积、柑橘科技进步率、柑橘产量、生产成本反映的是柑橘生产的变量。一般而言，中国进口的柑橘产品几乎是国内缺少的品种。当中国柑橘生产量增大就会带动柑橘消费的增长，也会带动稀缺品种的柑橘的消费。但考虑到数据之间尽量避免信息的重复，这几个变量中将只选择柑橘产量进入模型（肖黎，2012）。

（2）城镇化进程反映的是中国现代化的程度。由于国内缺少这些产品，国外柑橘品种进入中国后首先会被城镇居民购买；而且城市交通便利，人口集中，生活普遍要富裕一些，进口柑橘几乎在城镇就能消化。正因为如此，反映整个国家的市场活跃程度的市场化水平和交通状况对进口柑橘的消费所起的推动作用并不大，本书将不接纳这两个变量进入模型。

（3）柑橘国内鲜果消费量、柑橘加工量、柑橘出口量反映的是影响柑橘需求的因素，它们的变化影响着整个的供需平衡，对柑橘进口量是有着至关重要的影响。同样为了信息表达的简洁，本书只选择柑橘国内鲜果消费量进入模型。

（4）是否加入 WTO、中国贸易环境、人民币汇率反映的是进出口最直接的贸易环境和准则（王志会，2011；孔祥智等，2013；钟钰，2007），对进出口有着最为直接的影响。人均 GDP、居民可支配收入反映了进口柑橘的消费能力，这些变量应该纳入模型之中（肖黎，2012）。世界经济环境反映的是整个世界的经济水平，与中国进口柑橘的数量在经济内涵上没有直接的能动关系，故不进入模型。

（5）由于中国柑橘进口量相对于柑橘供给量来讲数量极少，而且以鲜食为主，很少有进口的柑橘能够深入农村市场。因此反映农村因素的城乡差距、恩格尔系数、农民受教育程度这几个变量在进口量模型中也不予考虑。工业化水平反映的是柑橘加工能力，中国的柑橘加工业现在还没有用进口柑橘进行加工[①]，故不进入模型。

（6）任何农产品替代品的价格反映了居民消费品种的选择，对农产品进口量是有影响的（秦悦铭，2012），柑橘进口也不例外。因此柑橘替代品价格进入模型。

综合前人研究和本书的论述，除了柑橘进口价格外，本书将把人民币兑美元汇率、是否进入 WTO、中国贸易环境、人均 GDP、柑橘替代品价格、柑橘国内鲜果消费量、居民可支配收入、城镇化进程、中国柑橘产量 10 个变量纳

---

① 据国家柑橘产业技术研发中心产业经济研究室的调查结论发现，中国柑橘加工业所用的原材料几乎是残次果，平均售价大致是 0.5 元/500g。

入柑橘进口量模型之中。

5.2.4 柑橘出口量模型解释变量的筛选

柑橘出口量受到多方面因素的影响。为了能够全面地解释出口量与其影响因素的关系，首先使用 SAS 软件将出口量对其余 32 个指标变量进行斯皮尔曼相关性检验，剔除不相关的变量，结果见表5-4。

通过检验的指标总共有 22 个，分别为：柑橘供给量、柑橘销售价格、柑橘种植面积、市场化水平、交通状况、科技进步率、城乡差距、柑橘国内鲜果消费量、恩格尔系数、可支配收入、城镇化进程、柑橘进口量、柑橘生产成本、世界经济水平、中国柑橘产量、中国贸易环境、WTO、柑橘进口价格、人均 GDP、柑橘加工量、工业化水平、农民受教育程度。

表5-4 柑橘出口量与其他 32 个变量的相关性检验

变量名	GQ^{**}	SP^{*}	S^{**}	GP	SC^{**}	JT^{**}	ZH	NZ
相关系数	0.968 42	0.475 19	0.962 41	0.239 10	0.948 87	0.953 8	−0.147 37	−0.030 98
检验值	<0.000 1	0.034 2	<0.000 1	0.310 0	<0.000 1	<0.000 1	0.535 2	0.896 8

变量名	KJ^{**}	JZ	LD	CXC^{**}	CQ^{**}	EC^{**}	I^{**}	CPI
相关系数	0.672 44	0.171 43	−0.327 82	0.750 38	0.965 41	−0.938 35	0.959 40	−0.255 64
检验值	0.001 2	0.469 9	0.158 2	0.000 1	<0.000 1	<0.000 1	<0.000 1	0.276 7

变量名	MC	CZ^{**}	TP	IQ^{**}	C^{**}	EP	R	WJ^{**}
相关系数	0.237 59	0.960 90	0.418 05	0.905 26	0.881 20	0.297 74	−0.408 13	0.954 89
检验值	0.313 1	<0.000 1	0.066 6	<0.000 1	<0.000 1	0.202 3	0.074 0	<0.000 1

变量名	Y^{**}	HJ^{**}	WTO^{**}	IP^{**}	GDP^{**}	JQ^{**}	GY^{**}	WH^{**}
相关系数	0.968 42	0.815 34	0.849 77	0.736 84	0.959 40	0.827 07	0.833 08	0.962 41
检验值	<0.000 1	<0.000 1	<0.000 1	0.000 2	<0.000 1	<0.000 1	<0.000 1	<0.000 1

*表明在 0.05 水平下相关系数显著，** 表明在 0.01 水平下相关系数显著

依据第 2 章的文献研究后发现，不少学者对农产品的出口影响因素进行过深入的研究。从贸易经济学的角度讲，产品的出口可能会受到技术、资本、劳动力、土地、产量和物质费用投入的影响（秦鸣和何如海，2013），也有可能会受到是否进入 WTO、农业财政支出、乡村从业人数的影响（周净，2008），也有可能会受到柑橘出口价格、世界经济水平、中国贸易环境、人均 GDP、生产成本的影响（汪晓银等，2010）。

参照柑橘供给量和柑橘国内鲜果消费量筛选变量的经济准则，最终确定柑

橘出口价格、柑橘销售价格、柑橘科技进步率、柑橘生产成本、柑橘种植面积、中国柑橘产量、是否加入 WTO、人均 GDP、市场化水平、交通状况、世界经济水平、中国贸易环境、人民币汇率 13 个变量进入模型，其中柑橘出口价格和柑橘销售价格是模型中固有的解释变量。

5.2.5 柑橘加工量解释变量的筛选

虽然中国柑橘加工量相对于柑橘消费量的比例仍然较小，但是中国柑橘加工量近几年还是表现出了良好的发展态势。有一些学者开始专注柑橘加工业的研究。影响柑橘加工量的因素有很多；但在建立加工量模型时，为了模型拟合的实用性和精度，需要作出经济学和统计学上的筛选。

将柑橘加工量和柑橘市场预警指标体系框架中的其他 32 个指标变量进行斯皮尔曼等级相关系数检验，结果见表 5-5。

与柑橘加工量等级相关的因素有 23 个变量，但这些变量中很多与加工量并没有经济上的直接联系。

表 5-5　柑橘加工量与其他 32 个变量的相关性检验

变量名	GQ**	SP	S**	GP	SC**	JT**	ZH	NZ*
相关系数	0.861 65	0.439 1	0.858 65	0.416 54	0.821 05	0.809 02	-0.269 17	0.442 467
检验值	<0.000 1	0.052 8	<0.000 1	0.067 7	<0.000 1	<0.000 1	0.251 1	0.049 5
变量名	KJ**	JZ	LD	CXC**	CQ**	EC**	I**	CPI**
相关系数	0.711 6	0.148 87	-0.282 71	0.619 55	0.858 65	-0.818 05	0.837 59	0.863 16
检验值	0.000 4	0.531	0.227 2	0.003 6	<0.000 1	<0.000 1	<0.000 1	<0.000 1
变量名	MC	CZ**	TP*	EQ**	IQ**	C**	EP	R
相关系数	0.251 13	0.839 1	0.533 83	0.827 07	0.772 93	0.831 58	0.339 85	-0.338 86
检验值	0.285 5	<0.000 1	0.015 3	<0.000 1	<0.000 1	<0.000 1	0.142 6	0.143 9
变量名	WJ**	Y**	HJ**	WTO**	IP**	GDP**	GY**	WH**
相关系数	0.828 57	0.861 65	0.716 06	0.693 69	0.621 05	0.837 59	0.717 29	0.837 59
检验值	<0.000 1	<0.000 1	0.000 4	0.000 7	0.003 5	<0.000 1	0.000 4	<0.000 1

＊表明在 0.05 水平下相关系数显著，　＊＊表明在 0.01 水平下相关系数显著

（1）科技进步率是中国柑橘加工的重要影响因素（陆胜民，2010）。由于柑橘果实是在自然条件下生长，受外界条件的制约性大，如温度、光照、栽培技术、冰雹、霜、病虫害等都会影响到果实正常生长发育。为了保证商品质量，世界各国都对果品质量规格以及包装等有着严格的要求，如果实的大小、

均匀程度、形状、色泽、成熟度、果面洁净度、缺陷、农药残留量等以及包装材料、数量、规格均有相应的质量标准，要求果品标准化生产。柑橘加工品的质量标准就更不用说了，从地头田间到餐桌，无论是柑橘鲜果，还是柑橘加工品，采后商品化处理或加工的环节多，因此科技水平要求比较高。

（2）2002年以后，中国柑橘罐头加工发展迅猛，目前中国柑橘罐头的出口量居世界第一，这显然得益于中国贸易环境和进入WTO。柑橘加工品的出口有助于带动加工业的发展。柑橘加工产品耐储藏，一般在超市销售。产品的流通和销售取决于市场化水平。因此，本书将与柑橘加工业密切相关的中国贸易环境、市场化水平、是否加入WTO（谢金峰，2003）纳入模型。

（3）柑橘替代品的价格不仅对柑橘鲜果消费影响较大，对柑橘加工品的消费也有较大的影响。居民在选择水果罐头、饮料时，可选择性较多时，农产品加工品之间的竞争就会自然产生（焦宏，2001）。柑橘加工业对工人的技术要求、管理的要求较高。投资商和工人基本上是来自于农村，农民受教育程度决定了柑橘加工产品的定位和发展前景，影响着柑橘加工量的大小。

（4）柑橘加工需要有强大的工业化水平作为支撑。加工所需要的机械设备和包装设备均来自于工业的支持。柑橘产量无疑也是柑橘加工量的重要影响因素。产量大，柑橘的残次果就会相应增多，柑橘加工所需要的原材料也就增多，而且成本较低。柑橘销售价格决定了柑橘原材料的成本，决定了柑橘加工品的市场销售前景。生产成本一方面影响着柑橘销售价格，但更多的是影响橘农是否愿意将柑橘销售给加工工厂的意愿。

（5）由于中国柑橘加工产品数量不多，目前的柑橘交通状况和城镇化进程还无法真正影响到柑橘加工业的发展。正是由于中国柑橘加工量小，还没有必要进口柑橘进行加工，所有关于进出口量和价格的因素全部不纳入到模型，包括进口量、出口量、进口价格等。

（6）居民可支配收入、城乡差距、恩格尔系数、人均GDP、物价指数等反映的是居民购买柑橘加工品的能力。在此只将居民可支配收入纳入模型之中。柑橘国内鲜果消费量相对于柑橘加工消耗的柑橘数目巨大，鲜果消费的增加并不是推动柑橘加工消耗量的原因。

（7）世界经济环境是中国柑橘出口的重要外部条件。中国柑橘加工品的出口包括柑橘罐头和柑橘橙汁。柑橘罐头目前已经占据了世界出口的重要地位，但柑橘橙汁出口却很少，占世界出口份额很低。作为柑橘加工品出口贸易中主要产品橙汁，中国所占份额很小，使得整个柑橘加工品出口在世界的份额微不足道。基于这种情况，世界经济环境这个指标将不纳入加工量模型中。

综合考虑，本书确定将柑橘加工品价格、柑橘销售价格、市场化水平、柑橘科技贡献率、居民可支配收入、中国贸易环境、是否进入 WTO、农民受教育程度、工业化水平、替代品价格、柑橘产量 11 个变量纳入柑橘加工量模型中。

5.3 柑橘市场预警辅助模型指标变量的确定

5.3.1 柑橘销售价格模型解释变量的筛选

柑橘销售价格是柑橘市场供给量与需求量达到平衡条件下的结果，是与柑橘供给量和需求量相互影响的一个重要经济变量。为了研究柑橘销售价格的影响因素，为柑橘销售价格模型筛选变量，首先将柑橘销售价格对中国柑橘市场预警指标体系框架里的其余 32 个指标变量作了斯皮尔曼等级相关系数检验，结果见表 5-6。

柑橘销售价格除了和供给量关系密切外，和柑橘国内鲜果消费量、柑橘进出口量、加工量关系也密切，除此之外还和其他因素有直接的联系。

（1）柑橘销售价格的高低会受到生产成本的影响。追求利润是柑橘种植户和柑橘中间商的根本目的。生产成本低，橘农也就愿意降低价格销售。如果出口价格和市场零售价格高，中间商也愿意提高收购价格。价格的形成是在追求利润双方博弈完成的。从这个角度考虑，柑橘生产成本应该纳入到模型当中。由于中国进口量很少，而且进口的柑橘产品一般与国内柑橘产品品种不同，对柑橘国内销售价格的形成不会有太大的影响。

表 5-6 柑橘加工量与其他 32 个变量的相关性检验

变量名	GP^*	S^*	GP	SC^*	JT^*	ZH	NZ	KJ
相关系数	0.505 26	0.536 84	0.153 38	0.536 84	0.557 89	-0.439 10	0.194 94	0.295 18
检验值	0.023 1	0.014 7	0.518 5	0.014 7	0.010 6	0.052 8	0.410 2	0.206 4
变量名	JZ^{**}	LD	CXC^*	CQ^*	EC^*	I^*	CPI	MC
相关系数	0.697 74	-0.130 83	0.502 26	0.520 30	-0.553 38	0.511 28	0.421 05	0.157 89
检验值	0.000 6	0.582 5	0.024 0	0.018 7	0.011 4	0.021 2	0.064 5	0.506 1
变量名	CZ^*	TP^{**}	EQ^*	IQ	C^{**}	EP^{**}	R^*	WJ^*
相关系数	0.512 78	0.630 08	0.475 19	0.418 05	0.633 08	0.581 95	-0.543 68	0.524 81
检验值	0.020 8	0.002 9	0.034 2	0.066 6	0.002 7	0.007 1	0.013 2	0.017 5
变量名	Y^*	HJ^{**}	WTO^{**}	IP^{**}	GDP^*	JQ	GY^{**}	WH^*
相关系数	0.505 26	0.609 25	0.641 66	0.667 67	0.511 28	0.439 10	0.646 62	0.508 27
检验值	0.023 1	0.004 4	0.002 3	0.001 3	0.021 2	0.052 8	0.002 1	0.022 1

* 表明在 0.05 水平下相关系数显著， ** 表明在 0.01 水平下相关系数显著

（2）替代品价格对于柑橘销售价格的形成也有很大的影响。柑橘价格定得过高，消费者就会购买替代性产品，例如苹果、菠萝等。居民可支配收入对于柑橘价格的形成也有影响作用。居民可支配收入高，购买柑橘产品的能力就越强，柑橘销售速度就越快，当出现供不应求的时候，柑橘价格就会上涨。

（3）市场化水平、交通状况等对于柑橘价格的形成也有一定的影响。这些宏观反映经济活跃程度的变量会加快柑橘的销售流通，减少运输环节和损耗，可以减少交易成本，保护销售价格。

（4）反映国际贸易的相关变量，例如中国贸易环境等，由于中国进出口占整个消费市场的比例比较小，它们对于柑橘价格的形成影响有限。故反映国际贸易的因素在模型建立中不予考虑。

（5）关于影响柑橘消费量的因素，例如恩格尔系数等，对柑橘销售有影响，但由于这些变量之间关联度比较高，而且居民可支配收入这个变量已经纳入模型，其余类似的变量将一律在模型建立中不予考虑。

柑橘国内鲜果消费量、柑橘进口量、柑橘出口量等变量与柑橘供给量高度相关，柑橘供给量已经进入了模型，可以代表这些变量的信息关系。因此这些变量不进入模型，以免造成太多的内生变量，增加模型解释变量的个数，增加模型计算的难度。

综上所述，本书将柑橘供给量、柑橘生产成本、居民可支配收入、市场化水平、交通状况、柑橘出口价格、柑橘替代品价格纳入模型中。

5.3.2 柑橘进口价格模型解释变量的筛选

柑橘进口价格会受到柑橘品种质量、国内外差价的影响。但由于数据收集的原因，一些很直接影响柑橘进口价的变量无法进入柑橘预警指标体系框架。本书还是基于第2章建立的柑橘市场预警指标体系框架，将柑橘销售价格与其他32个变量进行斯皮尔曼相关系数检验，结果见表5-7。

表5-7的结果显示，通过统计检验的指标总共有25个，分别为柑橘供给量、柑橘销售价格、柑橘种植面积、市场化水平、交通状况、科技进步进步率、城乡差距、柑橘国内鲜果消费量、恩格尔系数、可支配收入、城镇化进程、柑橘替代品价格、柑橘出口量、柑橘进口量、柑橘生产总成本、柑橘出口价格、人民币汇率、世界经济水平、中国柑橘产量、中国贸易环境、是否进入WTO、柑橘进口价格、人均GDP、柑橘加工量、工业化水平、农民受教育程度。

但是，有很多因素并不是形成柑橘进口价格的直接原因。参考国内外相关文献后发现，在通过统计检验的变量中，一些可能影响柑橘进口价的因素在前人的研究文献中被提及。

表5-7　柑橘进口价格与其他32个变量的相关性检验

变量名	GQ**	SP**	S**	GP	SC**	JT**	ZH	NZ
相关系数	0.766 92	0.667 67	0.748 87	0.189 47	0.804 51	0.765 41	-0.252 63	0.207 78
检验值	<0.000 1	0.001 3	0.000 1	0.423 7	<0.000 1	<0.000 1	0.282 6	0.379 4
变量名	KJ**	JZ	LD	CXC**	CQ**	EC**	I**	CPI
相关系数	0.634 04	0.324 81	-0.239 1	0.833 08	0.763 91	-0.765 41	0.781 95	-0.046 62
检验值	0.002 7	0.162 3	0.31	<0.000 1	<0.000 1	<0.000 1	<0.000 1	0.845 3
变量名	MC	CZ**	TP**	EQ**	IQ**	C**	EP**	R**
相关系数	-0.016 54	0.783 46	0.756 39	0.736 84	0.714 29	0.768 42	0.587 97	-0.745 48
检验值	0.944 8	<0.000 1	0.000 1	0.000 2	0.000 4	<0.000 1	0.006 4	0.000 2
变量名	WJ**	Y**	HJ**	WTO**	GDP**	JQ**	GY**	WH**
相关系数	0.780 45	0.766 92	0.763 44	0.815 08	0.781 95	0.621 05	0.803 01	0.780 45
检验值	<0.000 1	<0.000 1	<0.000 1	<0.000 1	<0.000 1	0.003 5	<0.000 1	<0.000 1

* 表明在 0.05 水平下相关系数显著，　** 表明在 0.01 水平下相关系数显著

人民币汇率是国际贸易收支结算的计算手段，显然对柑橘进口价格的形成有直接影响（阙树玉等，2010）。中国柑橘进口量本身就在理论模型中。进口量的大小决定了价格形成贸易供需平衡下的均衡进口价格。国外的物价水平、运输费用对于进口价格的形成也起到很重要的作用（李建伟，2011）。中国进口关税税率对于进出口贸易有较大影响，但由于中国关税税率长期是 5%，作为统计分析没有意义。

国外柑橘生产成本以及中国居民可支配收入也是柑橘价格形成的重要因素（荣岩，2011），这些在前面也有类似论述。

前面已经建立了柑橘国内鲜果消费量模型，模型中柑橘销售价格是重要的解释变量，这两个变量尽量不要同时出现在模型中。结合两方面考虑，最终选出下列指标进入模型，即柑橘进口量、柑橘销售价格、人民币汇率、人均GDP、可支配收入（美元）、是否进入 WTO、中国贸易环境。

5.3.3　柑橘出口价格模型解释变量的筛选

影响柑橘出口价格的因素也是多方面的，建立柑橘出口价格模型需要进行变量的筛选。同前面一样，现将柑橘出口价格和其余 32 个指标变量进行斯皮

尔曼相关系数检验，结果见表5-8。

表5-8的结果显示，在32个指标中只有10指标通过统计检验。它们分别是：柑橘出口量、销售价格、加工品价格、受灾情况、财政支持、物价指数、柑橘替代品价格、人民币汇率、中国贸易环境、柑橘进口价格和工业化水平。

表5-8　柑橘出口价格与其他32个变量的相关性检验

变量名	GQ	SP**	S	GP**	SC	JT	ZH**	NZ**
相关系数	0.276 69	0.581 95	0.311 28	0.660 15	0.278 20	0.302 26	-0.619 55	0.739 71
检验值	0.237 6	0.007 1	0.181 6	0.001 5	0.235 0	0.195 2	0.003 6	0.000 2
变量名	KJ	JZ	LD	CXC	CQ	EC	I	CPI**
相关系数	0.335 84	0.070 68	-0.222 56	0.306 77	0.284 21	-0.245 11	0.260 15	0.619 55
检验值	0.147 7	0.767 2	0.345 6	0.188 3	0.224 6	0.297 6	0.268 0	0.003 6
变量名	MC	CZ	TP**	IQ	C	EQ*	R**	WJ
相关系数	0.240 60	0.257 14	0.590 98	0.206 02	0.437 59	0.497 74	-0.590 36	0.267 67
检验值	0.306 9	0.273 8	0.006 1	0.383 5	0.053 7	0.022 3	0.006 1	0.253 9
变量名	Y	HJ**	WTO	IP**	GDP	JQ	GY*	WH
相关系数	0.276 69	0.671 68	0.277 48	0.587 97	0.260 15	0.339 85	0.532 33	0.255 64
检验值	0.237 6	0.001 2	0.236 2	0.006 4	0.268 0	0.142 6	0.015 7	0.276 7

*表明在0.05水平下相关系数显著，**表明在0.01水平下相关系数显著

在其他条件不变的情况下，一种商品的供给量与价格之间成同方向变动。柑橘出口量反映了柑橘供给国外市场的能力，因而出口价有同方向变动的可能。人民币汇率是影响进出口贸易的要素之一，人民币汇率的变化直接体现在柑橘进出口价格的变化。

中国出口受国外需求的影响非常大，世界经济水平的提高会促进国外需求，因此，柑橘出口价格也会受到世界经济水平变化的影响导致的出口量的变化而变化。柑橘市场份额的波动反映了中国柑橘的竞争力，不仅反映在质量上而且还反映在价格上。

加入WTO后，中国可以享受近50年GATT各缔约国在开放市场，尤其是降低关税、非关税壁垒等关税化方面所取得的成果，并可获得永久的无条件最惠国待遇、非歧视性待遇，降低农产品贸易谈判成本和交易成本，为中国柑橘产业国际化创造良好的国际环境，有利于中国有效地利用国际资源和开拓国际市场，同时中国也会有较好的贸易环境。

斯皮尔曼相关系数显示了灾害情况对出口有影响，受灾之年，柑橘产量减少，农民为挽回损失多使用农药导致柑橘品质下降致使出口下降。相关系数显

示，工业化水平与柑橘出口量业相关，这可能是工业化水平的提高增强了柑橘加工品的出口能力。

出口价格应该要受到销售价格的影响，但考虑到出口量已经是销售价格的函数，在此销售价格可以不纳入模型之中。

最后确定的影响指标有：柑橘出口量、加工品价格、受灾情况、财政支持、物价指数、人民币汇率、中国贸易环境、工业化水平。

5.3.4 柑橘加工品价格模型解释变量的筛选

柑橘加工品价格是生产柑橘罐头、橙汁等产品的价格，是柑橘加工量在市场上达到供需平衡下的均衡价格，它可能会受到多因素的影响。为了研究影响柑橘加工品价格的因素有哪些，在此，现将柑橘加工品价格与其他 32 个变量进行斯皮尔曼相关系数检验，结果见表 5-9。

表 5-9　柑橘加工品价格与其他 32 个变量的相关性检验

变量名	GQ	SP	S	SC	JT	ZH	NZ *	KJ
相关系数	0.213 53	0.153 38	0.251 13	0.183 46	0.255 64	−0.360 90	0.548 55	0.243 22
检验值	0.366 0	0.518 5	0.285 5	0.438 8	0.276 7	0.118 0	0.012 3	0.301 5
变量名	JZ	LD	CXC	CQ	EC	I	CPI	MC
相关系数	−0.157 89	−0.410 53	0.016 54	0.230 08	−0.162 41	0.190 98	0.305 26	0.150 38
检验值	0.506 1	0.072 2	0.944 8	0.329 1	0.493 9	0.419 9	0.190 6	0.526 9
变量名	CZ	TP **	EQ	IQ	C	EP **	R	WJ
相关系数	0.189 47	0.651 13	0.239 10	0.200 00	0.318 80	0.660 15	−0.201 81	0.242 11
检验值	0.423 7	0.001 9	0.310 0	0.397 9	0.170 7	0.001 5	0.393 5	0.303 8
变量名	Y	HJ *	WTO	IP	GDP	JQ *	GY	WH
相关系数	0.213 53	0.468 60	0.000 00	0.189 47	0.190 98	0.466 54	0.311 28	0.184 96
检验值	0.366 0	0.037 2	1.000 0	0.423 7	0.419 9	0.038 7	0.181 6	0.435 0

　＊表明在 0.05 水平下相关系数显著，＊＊表明在 0.01 水平下相关系数显著

通过斯皮尔曼相关系数发现，与加工品价格相关的变量只有 5 个，它们是农业财政支持、柑橘替代品的价格、柑橘出口价格、中国贸易环境和柑橘加工量。

农业财政支持是柑橘加工业得以发展的重要支持。在柑橘产区，柑橘加工企业基本上是果业大户或合作社建成的。它们在建设期间，缺少资金和技术，政府的支持是相当必要的，如银行借贷、技术指导、政策扶植、机械补贴等方

面给予加工企业全面的帮助。

柑橘出口价格以及柑橘替代品的价格会影响柑橘的销售价格, 也会影响柑橘加工品的价格。中国贸易环境对柑橘加工品的出口有影响, 从而也能影响柑橘加工品的价格。柑橘加工量显然是柑橘加工品价格形成的最直接的原因, 这点第 3 章已有论述, 在此不再赘述。

因此, 这 5 个因素就作为柑橘加工品价格的影响因素, 纳入加工品价格模型中。

5.4　本章小结

本章详细讨论了在柑橘市场预警指标体系中与柑橘供给量、国内鲜果消费量、进口量、出口量、加工量、柑橘销售价格、柑橘进口价格、出口价格、加工价格等密切相关且能够进入模型中作为解释变量的变量情况。中间变量的取舍更多地是基于作者本人在最近几年对柑橘产业的研究的经验, 中间会存在学术研究讨论的空间, 在此作几点解释。

第一, 与柑橘市场预警模型核心指标和辅助指标变量之间即使存在着高度的相关性也不能说明它们之间就一定存在着因果关系, 这是计量经济学的基本观点。变量之间的经济联系既要满足统计学的规律, 更要符合经济学的含义。

第二, 任何相关系数高度相关的经济变量之间总是存在着千丝万缕的关系, 直接或间接地发生着联系。但在做计量模型的时候, 如果把与被解释变量有关联的变量都纳入模型之中, 模型就会因为存在着序列相关和多重共线性使得模型的拟合出现问题。在尽量照顾到变量解释力度和广度的前提下, 只让最有代表性的变量进入模型, 可以提高模型的计算效率。

第三, 本章是为第 6 章实证模型作准备。但可以预见, 由于 9 个子模型的解释变量存在高度的共线性, 在模型拟合时, 有些明显对解释变量有关联的变量却通不过统计检验。

第四, 所有子模型的解释变量中还存在着核心指标和辅助指标。表 5-10 就把本章的 9 个模型的变量关系展示出来。

第五, 柑橘供给量、柑橘国内鲜果消费量、柑橘出口量、柑橘销售价格、柑橘进口价格、柑橘出口价格、柑橘加工价格等 9 个模型的被解释变量, 是经济学含义的内生变量。如果这些变量在某模型中是解释变量, 则要单独放入该模型中。

表 5-10　中国柑橘市场预警模型变量关系

被解释变量	解释变量 （核心或辅助变量）	解释变量 （全部是制约变量）
柑橘供给量	柑橘销售价格	柑橘种植面积、市场化水平、交通状况、科技进步率、居民可支配收入、城镇化进程、柑橘替代品价格、柑橘生产总成本、人民币汇率、世界经济水平、中国贸易环境、农民受教育程度
柑橘国内鲜果消费量	柑橘销售价格、居民可支配收入	市场化水平、交通状况、城镇化进程、恩格尔系数、柑橘产量、世界经济水平、、物价指数、边际消费倾向、替代品价格
柑橘进口量	柑橘进口价格柑橘国内鲜果消费量	人民币汇率、是否进入 WTO、中国贸易环境、人均 GDP、柑橘替代品价格、居民可支配收入、城镇化进程、中国柑橘产量
柑橘出口量	柑橘出口价格＼柑橘销售价格	柑橘科技进步率、柑橘生产成本、柑橘种植面积、中国柑橘产量、是否加入 WTO、人均 GDP、市场化水平、交通状况、世界经济水平、中国贸易环境、人民币汇率
柑橘加工量	柑橘加工品价格柑橘销售价格	市场化水平，柑橘科技贡献率，居民可支配收入，中国贸易环境，是否进入 WTO、，农民受教育程度，工业化水平，替代品价格，柑橘产量
柑橘销售价格	柑橘供给量	柑橘生产成本、居民可支配收入、市场化水平、交通状况、柑橘替代品价格
柑橘进口价格	柑橘进口量、柑橘销售价格	人民币汇率、人均 GDP、可支配收入、是否进入 WTO、中国贸易环境
柑橘出口价格	柑橘出口量、柑橘加工品价格	受灾情况、财政支持、物价指数、人民币汇率、中国贸易环境、工业化水平
柑橘加工品价格	柑橘加工量、柑橘出口价格	农业财政支持、柑橘替代品的价格、中国贸易环境

第 6 章
中国柑橘市场预警实证模型的建立

中国柑橘产业经过 20 多年的发展产量与种植面积等均已跃居世界第一。规模过大带来的问题也比较严重。本书第 1、第 2 章已经对此作了详尽的阐述，主要表现在柑橘价格波动性强；20 年间实际价格不升反降；柑橘产量增长较快，消费压力不断增大；广大柑橘产区存在着比较严重的销售困境。

第 3 章结合经济预期理论和局部调整模型推导出了中国柑橘市场预警理论模型。在理论模型中，残差和多个经济变量有着密切的关系。为了解释这个关系，第 4 章对柑橘市场预警指标体系的经济指标作了数据收集与统计分析。在此基础上，第 5 章对理论模型中的残差项作了变量的筛选，已经基本上由理论模型向着实证模型过渡。

本章将在前 5 章的基础上，对理论模型进行残差项的修正。运用联立方程的三阶段方法对预警模型进行估计并检验。

6.1 模型修正方法介绍

6.1.1 Granger 因果检验

Granger（格兰杰）因果检验是一个判断因果关系的检验，判断一个变量的变化是否是另一个变量变化的原因。

两个经济变量 X、Y 之间的 Granger 因果关系定义为：若在包含了变量 X、Y 的过去信息的条件下，对变量 Y 的预测效果要优于只单独由 Y 的过去信息对 Y 进行的预测效果，即变量 X 有助于解释变量 Y 的将来变化，则认为变量 X 滞后期是导致变量 Y 的格兰杰原因。

Granger 因果检验的度量是对 Y 进行预测时 X 的前期信息对均方误差 MSE 的减少是否有贡献，并以此作为因果关系的判断基准。将用 X 的前期信息和不用 X 的前期信息相比，如果 MSE 无变化，则称 X 在 Granger 下对 Y 无因果关系，反之，当 X 的前期信息对均方误差 MSE 的减少有贡献时，称 X 在 Granger 下对 Y 有因果关系。

在柑橘市场预警理论模型中，残差项可能会有经济变量的滞后项对被解释变量有因果关系。如果经检验后发现的确存在着因果关系就需要将滞后项引入原模型。

6.1.2　综合变量的生成：主成分分析

在柑橘市场预警模型中都存在这个问题，就是解释变量相对于样本数而言过多，而且相互之间存在着高度的线性相关性。由于数据收集的困难，本书只收集到了 20 年的样本，按照小样本统计的经验，解释变量的个数尽量要控制在 5 个及以下，6 个变量是上限。然而在第 5 章里，9 个模型也只有加工价格模型的解释变量满足这一要求。本书构建的模型在现阶段无法用真实的变量进行完全的拟合。如果能够搜集到 40 年的样本收据，拟合就可以按照第 5 章设想的解释变量进行模型拟合。

于是我们想到了主成分分析。它是一个可以将多个相互高度相关的变量综合成几个重要的且完全不相关的综合变量。用这些综合变量代替模型中的原先综合变量进行拟合。待拟合完成后，可以将综合变量展成原先解释变量表达的形式，因为这个称之为主成分的综合变量就是原先变量的线性组合。

主成分分析是多元统计里经典的方法，这里只做简单的描述。主成分分析的一般步骤是（汪晓银，2011）：

（1）由观测数据计算 $\bar{x}_k$ 及 S_k，k，$j=1$，2，..m。

（2）由相关系数矩阵 R 得到特征值 λ_j，$j=1$，2，$\cdots m$ 及各个主成分的方差贡献、贡献率和累计贡献率，并根据累计贡献率确定主成分保留的个数 P。

（3）写出 m 个基本方程组：

$$\begin{cases} r_{11}x_1^{(j)} + r_{12}x_2^{(j)} + \cdots + r_{1m}x_m^{(j)} = \lambda_j x_1^{(j)}, \\ r_{21}x_1^{(j)} + r_{22}x_2^{(j)} + \cdots + r_{2m}x_m^{(j)} = \lambda_j x_2^{(j)}, \\ \vdots \qquad \vdots \qquad \vdots \qquad \vdots \\ r_{m1}x_1^{(j)} + r_{m2}x_2^{(j)} + \cdots + r_{mm}x_m^{(j)} = \lambda_j x_m^{(j)} \end{cases} \tag{6-1}$$

式中，$j=1$，2，$\cdots m$。

利用斯密特正交方法，对每一个 λ_j 求它的对应基本方程组的解 $x_1^{(j)}$，$x_2^{(j)}$，$\cdots x_m^{(j)}$，$j=1$，2，$\cdots m$，然后令

$$b_{kj} = \frac{x_k^{(j)}}{\sqrt{\sum_k \left(x_k^{(j)}\right)^2}} \qquad (6\text{-}2)$$

从而得到用 x_1^*，x_2^*，$\cdots x_m^*$ 所表示的主成分 $z_j = \sum_k b_{kj} x_k^*$，或将 $x_k^* = \dfrac{x_k - \overline{x}_k}{S_k}$，代

入后得到用 x_1，x_2，$\cdots x_m$ 所表示的主成分 $z_j = \sum_k \overline{b}_{kj} x_k^* + a_j$。

（4）将 x_1，x_2，$\cdots x_m$ 的观测值代入主成分的表达式中计算各个主成分的值。

（5）计算原指标与主成分的相关系数，即因子载荷，解释主成分的意义。

6.2 中国柑橘理论模型的修正

6.2.1 中国柑橘预警主模型的修正

柑橘预警主模型包括柑橘供给量模型、柑橘国内鲜果消费量模型、柑橘进口量模型、柑橘出口量模型和柑橘加工量模型。结合第 3 章理论模型和第 5 章确定的模型解释变量来完成最终实证模型的构建。

1）柑橘供给量模型的修正

将柑橘种植面积、市场化水平、交通状况、科技进步率、居民可支配收入、城镇化进程、柑橘替代品价格、柑橘生产总成本、人民币汇率、世界经济水平、中国贸易环境、农民受教育程度 12 个变量进行主成分分析[①]，得到主成分的特征值与贡献率，结果见表 6-1。

表 6-1 柑橘供给量影响因素主成分的特征值与贡献率

编号	特征值	特征值的差	贡献率	累积贡献率
1	9. 055 627 15	6. 972 240 7	0. 754 6	0. 754 6
2	2. 083 403 07	1. 553 269 69	0. 173 6	0. 928 3

由上表可知，第一、第二主成分解释方差的累积贡献率已经超过了 92%，故可选取前两个主成分代替这 12 个影响因素指标的信息，其贡献率分别为 75.46%、17.36%。

这 2 个主成分的特征向量为：

A1 = （0.330，0.327，0.327，0.234，0.329，0.317，0.089，0.324，
 −0.082，0.328，0.301，0.308）

A2 = （0.044，0.035，−0.037，0.091，0.066，0.148，−0.664，
 −0.051，0.668，0.056，−0.172，0.195）

观察特征向量的分量发现，第一主成分主要指向柑橘种植面积、市场化水平、交通状况、科技进步率、居民可支配收入、城镇化进程、柑橘生产总成本、世界经济水平、中国贸易环境、农民受教育程度。第二主成分主要指向柑橘替代品价格以及人民币汇率。

继续运用 SAS 软件计算，得到了第一、第二主成分的得分，结果见表6-2。

表6-2　柑橘供给量影响因素主成分得分数据表

年份	第一主成分	第二主成分	年份	第一主成分	第二主成分
1992	−3.622 42	−3.981 81	2002	−0.814 38	0.901 53
1993	−3.000 31	−3.384 50	2003	−0.203 22	0.958 48
1994	−3.527 06	0.710 97	2004	0.473 92	1.050 63
1995	−3.014 67	0.433 94	2005	1.281 39	1.121 38
1996	−2.468 48	0.491 62	2006	1.834 68	0.801 95
1997	−2.068 12	0.594 89	2007	2.959 08	0.494 92
1998	−2.366 20	0.607 73	2008	3.734 42	−0.564 67
1999	−1.468 86	0.883 41	2009	4.432 52	−0.793 30
2000	−1.806 14	0.766 98	2010	4.783 63	−0.883 40
2001	−1.036 54	1.016 23	2011	5.896 75	−1.226 98

将柑橘供给量与两个主成分做相关性检验发现，供给量与第一主成分的相关系数为 0.99398，其检验概率小于 0.0001；与第二主成分的相关系数为 0.06767，其检验概率 0.7768，远远大于 0.05。这说明柑橘供给量与第一主成分高度相关，与第二主成分不相关。虽然柑橘替代品价格以及人民币汇率与柑橘供给量是等级相关的，但通过主成分的分析发现它们的关系不密切。产生这种现象的原因可能是这两个变量并不是直接影响柑橘供给量增长的因素，它们对柑橘供给量的贡献是依托第一主成分里面的变量间接来表达。

供给量模型可以修改为：

$$\ln GQ_t = \beta_{10} + \beta_{11}\ln GQ_{t-1} + \beta_{12}\ln SP_{t-3} + \beta_{13}\ln SP_{t-2} + \beta_{14}\ln SP_{t-1}$$
$$+ \beta_{15}\ln SP_t + \beta_{16}Z_{11t} + V_{1t} \tag{6-3}$$

式中，β_{16} 为第一主成分的偏相关系数；V_{1t} 是随机误差，要求 $V_t \sim N(0, \sigma^2)$。

式（6-3）中有变量的滞后项。理论模型运用到实际问题中需要结合数据进行检验。在此，将模型（6-3）解释变量滞后期与被解释变量进行 Granger 检验。被解释变量本身的滞后项不需要进行 Granger 因果检验。检验结果见表 6-3。

表 6-3　供给量与解释变量滞后期的格兰杰检验结果

原假设	F 统计量	P 值	结论
SP（-1）不是导致 GQ 的原因	6.532 3 *	0.021 2	SP 与 GQ 互为因果关系
GQ（-1）不是导致 SP 的原因	8.152 5 *	0.011 5	
SP（-2）不是导致 GQ 的原因	2.479 55	0.122 40	S 是 GQ 的格兰杰原因
GQ（-2）不是导致 SP 的原因	3.655 91	0.054 99	
SP（-3）不是导致 GQ 的原因	2.537 17	0.115 66	GP 与 GQ 无关
GQ（-3）不是导致 SP 的原因	2.138 68	0.158 77	

* 表示通过显著性水平 5% 的检验，** 表示通过显著性水平 1% 的检验

表 6-3 中显示，SP_{t-2}、SP_{t-3} 不是产生 GQ_t 的格兰杰原因，因此供给量模型进一步修正为：

$$\ln GQ_t = \beta_{10} + \beta_{11}\ln GQ_{t-1} + \beta_{14}\ln SP_{t-1} + \beta_{15}\ln SP_t + \beta_{16}Z_{11t} + V_{1t} \qquad (6-4)$$

2）柑橘国内鲜果消费量模型的修正

依据供给量模型修正的原理，将市场化水平、交通状况、城镇化进程、恩格尔系数、柑橘产量、世界经济水平、物价指数、边际消费倾向、替代品价格 9 个变量进行主成分分析，得到主成分的特征值与贡献率，结果见表 6-4。

由表 6-4 可知，第一、第二、第三主成分累计解释方差的比率已经超过了 91%，故可选取前三个主成分代替这 9 个影响因素指标，其贡献率分别为 66.86%、13.26%、11.55%。

表 6-4　柑橘消费量影响因素主成分的特征值与贡献率

编号	特征值	特征值的差	贡献率	累积贡献率
1	6.017 247 64	4.823 712 35	0.668 6	0.668 6
2	1.193 535 29	0.153 814 87	0.132 6	0.801 2
3	1.039 720 42	0.386 831 47	0.115 5	0.916 7

这 3 个主成分的特征向量为：

A1 =（0.404，0.388，0.403，-0.391，0.400，0.397，-0.211，0.056，0.072）

A2 =（0.078，0.171，-0.096，0.141，-0.051，0.067，0.239，-0.373，0.856）

A3 =（0.050，0.183，-0.076，0.153，0.083，0.095，0.573，0.763，

0.095）

第一主成分与市场化水平、交通状况、城镇化进程、恩格尔系数、供给量、世界经济水平等密切相关，表示的是市场经济综合因素，着重反映的是市场经济的成熟程度与国家现代化水平；第二主成分与物价指数、边际消费倾向等密切相关，表示的是居民消费情况；第三主成分与替代品价格密切相关，显然表示的是替代品影响因素。

同时也得到了 3 个主成分在各个年份的主成分得分，结果见表 6-5。

表 6-5　柑橘国内鲜果消费量影响因素的三个主成分得分

年份	第一主成分	第二主成分	第三主成分	年份	第一主成分	第二主成分	第三主成分
1992	−3.445 8	0.243 23	2.578 65	2002	0.193 58	0.269 76	−1.268 38
1993	−3.131 23	0.872 35	2.104 28	2003	0.421 01	−1.577 06	−0.119 45
1994	−3.424 43	0.928 35	−0.818 12	2004	0.709 95	−0.590 48	−0.537 46
1995	−3.010 52	2.113 07	−1.224 77	2005	1.248 45	−0.484 03	−0.481 89
1996	−2.448 57	−0.138 38	−0.165 62	2006	1.803 59	0.135 28	−0.694 64
1997	−1.510 72	0.534 87	−0.976 06	2007	2.189 12	−0.138 13	0.005 01
1998	−1.356 38	−0.272 2	−0.729 68	2008	2.619 45	−0.021 39	0.891
1999	−0.870 46	−0.607 59	−0.677 1	2009	3.423 84	0.985 33	0.252 64
2000	−0.825 43	−2.257 53	0.327 25	2010	3.798 37	0.724 07	0.528 47
2001	−0.475 57	−2.055 42	0.219 92	2011	4.091 76	1.335 88	0.785 94

将柑橘国内鲜果消费量与 3 个主成分作相关系数检验，得到它们的相关系数分别是 0.98647（<0.0001）、−0.13383（0.5738）、0.06165（0.7962）。由于柑橘国内鲜果消费量与第二、第三主成分相关系数的检验 P 值远大于 0.05，说明柑橘国内鲜果消费量与第二主成分，第三主成分没有关联性。于是得到柑橘国内消费模型修改为：

$$\ln CQ_t = \beta_{20} + \beta_{21}\ln CQ_{t-1} + \beta_{22}\ln CQ_{t-2} + \beta_{23}\ln SP_t + \beta_{24}\ln SP_{t-1}$$
$$+ \beta_{25}\ln I_t + \beta_{26}Z_{21t} + \beta_{27}Z_{21,\,t-1} + V_{2t} \qquad (6\text{-}5)$$

式中，β_{26}、β_{27} 为第一主成分及滞后期的偏相关系数；V_{2t} 是随机误差，$V_t \sim N(0,\ \sigma^2)$。

式（6-5）中有变量的滞后项。将模型（6-5）解释变量滞后期与被解释变量进行 Granger 检验，结果见表 6-6。与供给量模型一样，被解释变量本身的滞后项不需要进行 Granger 因果检验。

表 6-6　国内鲜果消费量与三个主成分的滞后一期 Granger 因果检验

原假设	F 统计量	P 值	结论
SP（–1）不是导致 CQ 的原因	5.604 6*	0.030 9*	SP 与 CQ 互为因果关系
CQ（–1）不是导致 P 的原因	8.584 5**	0.009 8*	
Z_{21}（–1）不是导致 CQ 的原因	5.876 41	0.027 56*	Z_{21} 是 CQ 的格兰杰原因
CQ（–1）不是导致 Z_{21} 的原因	1.826 27	0.195 37	

＊表示通过显著性水平 5% 的检验，＊＊表示通过显著性水平 1% 的检验

表 6-6 的结果显示，柑橘销售价格、第一主成分滞后一期是柑橘国内鲜果消费量的 Granger 原因，所以柑橘国内鲜果消费量模型不作修改。

3）柑橘进口量模型的修正

参考柑橘进口量模型以及确定的解释变量，现将人民币兑美元汇率、是否进入 WTO、中国贸易环境、人均 GDP、柑橘替代品价格、居民可支配收入、城镇化进程、中国柑橘产量进行主成分分析，得到主成分分析的特征值与贡献率，结果见表 6-7。

表 6-7　柑橘进口量影响因素主成分的特征值与贡献率

编号	特征值	特征值的差	贡献率	累积贡献率
1	5.526 610 69	3.497 769 47	0.690 8	0.690 8
2	2.028 841 22	1.702 607 78	0.253 6	0.944 4

表 6-7 的结果显示，第一、第二主成分累计解释方差的比率已经超过了 94%，故可选取前 2 个主成分代替这 9 个影响因素指标，其贡献率分别为 69.08%、25.36%。

这 2 个主成分的特征向量为：

A1 ＝（0.420383, 0.407918, 0.120411, 0.414496,
　　　0.380633, 0.368449, 0.421333, –0.0111433）
A2 ＝（0.073748, 0.158070, –0.670818, 0.132374,
　　　–0.168529, 0.118558, 0.061984, 0.675097）

第一主成分与可支配收入、城镇化进程、柑橘替代品价格、中国柑橘产量、中国贸易环境、WTO、人均 GDP 有关；第二主成分与人民币兑美元汇率有关。

同时也得到了两个主成分在各个年份的主成分得分，数据见表 6-8。

表 6-8　柑橘进口量影响因素主成分得分

年份	第一主成分	第二主成分	年份	第一主成分	第二主成分
1992	-2.642 12	-3.903 07	2002	-0.099 27	1.057 35
1993	-2.227 91	-3.370 56	2003	0.230 01	1.113 07
1994	-2.927 13	0.673 35	2004	0.709 95	-0.590 48
1995	-2.431 46	0.479 05	2005	1.248 45	-0.484 03
1996	-2.105 51	0.501 05	2006	1.803 59	0.135 28
1997	-1.710 1	0.545 58	2007	2.189 12	-0.138 13
1998	-1.798 02	0.581 13	2008	2.619 45	-0.021 39
1999	-1.483 87	0.690 68	2009	3.423 84	0.985 33
2000	-1.442 35	0.661 77	2010	3.798 37	0.724 07
2001	-1.078 7	0.796 57	2011	4.091 76	1.335 88

　　将柑橘进口量与两个主成分作相关系数检验，得到它们的相关系数分别是 0.95489（<0.0001）、0.04511（0.8502）。由于进口量与第二主成分的相关系数检验 P 值大于 0.05，说明它们之间关联性不强。因此，中国柑橘进口量模型可以调整为：

$$\ln IQ_t = \beta_{30} + \beta_{31} \ln IP_{3t} + \beta_{32} \ln IQ_{t-1} + \beta_{33} Z_{31t} + \beta_{34} \ln CQ_t + V_{3t} \qquad (6-6)$$

式中，β_{33}，β_{34} 分别为 Z_{31t} 和 $\ln CQ_t$ 的偏相关系数；V_{3t} 是随机误差，$V_{3t} \sim N(0, \sigma^2)$。

　　由于模型（6-6）中解释变量没有滞后项，不需要做 Granger 因果检验，模型无需再做进一步修正。

　　4）柑橘出口量模型的修正

　　参考柑橘出口量模型以及确定的解释变量，将柑橘科技进步率、柑橘生产成本、柑橘种植面积、中国柑橘产量、是否加入 WTO、人均 GDP、市场化水平、交通状况、世界经济水平、中国贸易环境、人民币汇率 11 个变量进行主成分分析，得到主成分分析的特征值与贡献率，结果见表 6-9。

表 6-9　柑橘出口量影响因素主成分的特征值与贡献率

编号	特征值	特征值的差	贡献率	累积贡献率
1	8.904 255 90	7.801 912 87	0.809 5	0.809 5
2	1.102 343 03	0.591 943 10	0.100 2	0.909 7

　　表 6-9 的结果显示，第一、第二主成分累计解释方差的比率已经超过了 90%，故可选取前 2 个主成分代替这 11 个影响因素指标，其贡献率分别为 80.95%、10.02%。

这 2 个主成分特征值对应的特征向量为：

A1 ＝ （0.333402，0.326681，0.240601，0.328761，0.328764，

　　　0.286013，0.331611，0.329798，0.331698，0.301964，−0.079590）

A2 ＝ （0.050393，0.023741，0.181308，−0.074693，0.158494，

　　　0.159053，0.052514，−0.076474，0.063337，−0.0272549，0.906160）

结合主成分的特征向量可以发现，第一主成分主要与柑橘种植面积、市场化水平、柑橘生产成本、中国柑橘产量、人均 GDP、交通状况、世界经济水平和中国贸易环境等密切相关，表示的是整个市场经济的综合特征，反映了柑橘生产、销售的宏观背景与经济环境因素；第二主成分主要与科技进步贡献率、中国柑橘产量、是否加入 WTO、中国贸易环境和人民币兑美元汇率有密切的关系，表示影响柑橘出口的指标的特性，反映的是影响柑橘出口的因素。

同时也得到了两个主成分在各个年份的主成分得分，结果见表 6-10。

表 6-10　柑橘出口量影响因素主成分得分

年份	第一主成分	第二主成分	年份	第一主成分	第二主成分
1992	−3.695 67	−2.828 83	2002	−0.658 06	0.714 31
1993	−2.932 35	−2.232 25	2003	−0.039 52	0.764 66
1994	−3.237 48	0.583 2	2004	0.659 05	0.886 64
1995	−2.745 14	0.324 94	2005	1.392 48	1.014 69
1996	−2.414 13	0.227 57	2006	1.930 35	0.669 46
1997	−2.028 6	0.368 52	2007	3.041 28	0.594 06
1998	−2.558 24	0.204 75	2008	3.766 98	−0.359 04
1999	−1.617 67	0.696 52	2009	4.412 98	−0.625 75
2000	−2.223 86	0.245 7	2010	4.762 47	−0.736 86
2001	−1.369 39	0.700 97	2011	5.554 5	−1.213 26

将柑橘出口量对前两个主成分进行相关性检验，得到与第一个主成分的相关系数为 0.96391，其检验 P 值远小于 0.0001，与第二主成分的相关系数为 0.07820，其检验 P 值为 0.6541，远大于 0.05，说明柑橘出口量与第二主成分没有明显的关联性。因此，中国柑橘出口量模型可以调整为：

$$\ln EQ_t = \beta_{40} + \beta_{41}\ln EP_t + \beta_{42}\ln EQ_{t-1} + \beta_{43}Z_{41t} + \beta_{44}\ln SP_t + V_{3t} \quad (6\text{-}7)$$

式中，β_{43}，β_{44} 分别是第一主成分 Z_{41t} 和 $\ln SP_t$ 的偏相关系数；V_{4t} 是随机误差，$V_{4t} \sim N(0, \sigma^2)$。

由于模型（6-7）中解释变量没有滞后项，不需要做 Granger 因果检验，模型无需再作进一步修正。

5）柑橘加工量模型的修正

参考柑橘加工量模型以及确定的解释变量，将市场化水平、柑橘科技贡献率、居民可支配收入、中国贸易环境、是否进入 WTO、农民受教育程度、工业化水平、替代品价格、柑橘产量等 9 个变量进行主成分分析，得到主成分分析的特征值与贡献率，结果见表 6-11。

表 6-11 柑橘出口量影响因素主成分的特征值与贡献率

编号	特征值	特征值的差	贡献率	累积贡献率
1	7.234 498 50	5.973 962 30	0.723 4	0.723 4
2	1.260 536 20	0.657 465 25	0.126 1	0.849 5
3	0.603 070 95	0.185 430 11	0.060 3	0.909 8

表 6-11 的结果显示，第一、第二、第三主成分累计解释方差的比率已经超过了 90%，故可选取前 3 个主成分代替这 11 个影响因素指标，其贡献率分别为 72.34%、12.61%、6.03%。

这 3 个主成分特征值对应的特征向量为：

A1 =（0.359926，0.265815，0.363825，0.338920，0.327344，0.339889，0.35294，0.092630，0.362625）

A2 =（-0.056160，-0.175842，-0.089641，0.164866，-0.067124，-0.258516，0.093046，0.802744，-0.169143）

A3 =（-0.029089，0.725503，-0.025536，0.189682，-0.308242，-0.134649，-0.040887，0.308629，0.044268）。

关于主成分的含义与前面一样分析，在此和以后不再赘述。

同时也得到了 3 个主成分在各个年份的主成分得分，结果见表 6-12。

表 6-12 柑橘加工量影响因素的三个主成分得分

年份	第一主成分	第二主成分	第三主成分	年份	第一主成分	第二主成分	第三主成分
1992	-3.226 73	3.176 82	-0.227 22	2002	-0.150 63	-0.421 81	-1.399 13
1993	-2.651 20	2.256 85	1.071 35	2003	0.199 87	-0.583 20	-1.089 56
1994	-2.768 79	-0.199 06	0.444 74	2004	0.739 34	-0.718 57	-0.589 21
1995	-2.596 53	-0.239 43	0.097 25	2005	1.706 27	-0.524 69	-0.120 21
1996	-2.000 09	0.259 61	-0.867 56	2006	1.754 04	-0.441 08	-0.444 11
1997	-2.169 48	-1.080 60	0.880 67	2007	2.705 32	-0.554 41	0.962 35
1998	-2.575 07	-0.450 00	-0.765 86	2008	2.996 54	-0.112 25	0.860 30
1999	-1.745 02	-1.109 67	0.997 39	2009	3.810 65	0.361 36	0.756 71
2000	-2.221 32	-0.723 48	-0.496 03	2010	4.374 29	1.205 54	-0.460 20
2001	-1.127 82	-1.066 34	0.677 11	2011	4.946 36	0.964 41	-0.288 80

将柑橘出口量对前 3 个主成分进行相关性检验，得到与第一个主成分的相关系数为 0.86917，其检验 P 值远小于 0.0001；与第二主成分的相关系数为 -0.01955，其检验 P 值为 0.9348，远大于 0.05；与第三主成分的相关系数为 0.11278，其检验 P 值为 0.6359，远大于 0.05。这说明柑橘出口量与第二、第三主成分没有明显的关联性。因此，中国柑橘加工量模型可以调整为：

$$\ln JQ_t = \beta_{50} + \beta_{51}\ln GP_t + \beta_{52}\ln JQ_{t-1} + \beta_{53}Z_{51t} + \beta_{54}\ln SP_t + V_{5t} \qquad (6\text{-}8)$$

式中，β_{53}，β_{54} 分别为第一主成分 Z_{51t} 和 $\ln SP_t$ 的偏相关系数。V_{5t} 是随机误差，$V_{5t} \sim N(0, \sigma^2)$。

由于模型（6-8）中解释变量没有滞后项，不需要做 Granger 因果检验，模型无需再做进一步修正。

6.2.2　中国柑橘预警辅助模型的修正

柑橘预警辅助模型包括柑橘销售价格模型、柑橘进口价格模型、柑橘出口价格模型、柑橘加工品价格模型。同样结合第 3 章理论模型和第 5 章确定的模型解释变量来完成最终实证模型的构建。

1）柑橘销售价格模型的修正

参考柑橘销售价格模型以及确定的解释变量，将柑橘生产成本、居民可支配收入、市场化水平、交通状况、柑橘替代品价格等 5 个变量进行主成分分析，得到主成分分析的特征值与贡献率，结果见表 6-13。

表 6-13　柑橘销售价格影响因素主成分的特征值与贡献率

编号	特征值	特征值的差	贡献率	累积贡献率
1	3.985 158 99	3.057 198 74	0.797 0	0.797 0
2	0.927 960 25	0.876 815 64	0.185 6	0.982 6

表 6-13 的结果显示，第一、第二主成分累计解释方差的比率已经超过了 98%，故可选取前 2 个主成分代替这 10 个影响因素指标，其贡献率分别为 74.07%、19.12%。

这 2 个主成分特征值对应的特征向量为：

A1 =（0.357487，0.36543，0.360825，0.359536，0.069441）

A2 =（0.105322，-0.025819，-0.011441，0.116981，0.658382）

同时也得到了两个主成分在各个年份的主成分得分，结果见表 6-14。

表 6-14　柑橘销售价格影响因素的两个主成分得分

年份	第一主成分	第二主成分	年份	第一主成分	第二主成分
1992	-4.062 37	3.430 57	2002	-0.610 07	-1.195 92
1993	-3.107 01	2.686 05	2003	0.107 08	-1.311 50
1994	-3.330 03	0.295 25	2004	0.555 22	-1.096 07
1995	-2.445 60	0.173 35	2005	1.015 83	-1.010 81
1996	-1.867 98	-0.055 02	2006	1.885 43	-0.619 85
1997	-1.515 68	-0.550 09	2007	2.586 86	-0.083 20
1998	-1.829 41	-0.744 33	2008	3.317 81	0.608 51
1999	-1.123 75	-1.393 00	2009	3.732 10	0.747 13
2000	-1.776 23	-1.276 04	2010	4.263 62	1.182 91
2001	-1.062 66	-1.425 29	2011	5.266 85	1.637 34

将柑橘销售价格对前两个主成分进行相关性检验，得到与第一个主成分的相关系数为 0.50376，其检验 P 值为 0.0235；与第二个主成分的相关系数为 0.44511，其检验 P 值为 00492，均小于 0.05，说明柑橘出口量与第一、第二主成分有明显的关联性。

因此，中国柑橘销售价格模型可以调整为：

$$\ln SP_t = \beta_{60} + \beta_{61}\ln GQ_t + \beta_{62}\ln SP_{t-1} + \beta_{63}Z_{61,\,t} + \beta_{64}Z_{61,\,t-1}$$
$$+ \beta_{65}Z_{62,\,t} + \beta_{66}Z_{62,\,t-1} + V_{6t} \tag{6-9}$$

式中，β_{63}、β_{64}、β_{65}、β_{66} 为第一主成分、第一主成分的滞后项、第二主成分、第二主成分的滞后项的偏相关系数；V_{6t} 是随机误差，$V_{6t} \sim N(0,\ \sigma^2)$。

由于模型（6-9）中解释变量有滞后项，需要做 Granger 因果检验，模型需再进一步修正。将柑橘销售价格与两个主成分做 Granger 因果检验，得到结果见表 6-15。

表 6-15　供给量与解释变量滞后期的格兰杰检验结果

原假设	F 统计量	P 值	结论
Z_{61}（-1）不是导致 SP 的原因	10.868 6	0.004 55	Z_{61}（-1）是 SP 的原因
SP（-1）不是导致 Z_{61} 的原因	1.797 11	0.198 79	
Z_{62}（-1）不是导致 SP 的原因	0.016 80	0.898 49	Z_{62} 与 SP 互不成为原因
SP（-1）不是导致 Z_{62} 的原因	3.191 67	0.092 98	

*表示通过显著性水平 5% 的检验，**表示通过显著性水平 1% 的检验

表 6-15 显示，仅有 Z_{61}（-1）是 SP 的 Granger 原因，因此中国柑橘销售

价格模型进一步修正为：

$$\ln SP_t = \beta_{60} + \beta_{61}\ln GQ_t + \beta_{62}\ln SP_{t-1} + \beta_{63}Z_{61t} + \beta_{64}Z_{61,\,t-1}$$
$$+ \beta_{65}Z_{62t} + V_{6t} \tag{6-10}$$

2）柑橘进口价格模型的修正

参考柑橘进口价格模型以及确定的解释变量，将人民币汇率、人均 GDP、可支配收入、是否进入 WTO、中国贸易环境等 5 个变量进行主成分分析，得到主成分分析的特征值与贡献率，结果见表6-16。

表6-16　柑橘进口价格影响因素主成分的特征值与贡献率

编号	特征值	特征值的差	贡献率	累积贡献率
1	5. 01 346 011	3. 84 861 347	0. 716 2	0. 716 2
2	1. 16 484 664	0. 67 332 438	0. 166 4	0. 882 6

表6-16 的结果显示，第一、第二主成分累计解释方差的比率已经超过了 88%，故可选取前两个主成分代替这 7 个影响因素指标，其贡献率分别为 71.62%、16.64%。

这 2 个主成分特征值对应的特征向量为：

A1 =（-0.129696，0.436191，0.434841，0.387804，0.404919）
A2 =（0.849574，0.136949，0.151759，0.181862，-0.182383）

同时也得到了两个主成分在各个年份的主成分得分，结果见表6-17。

表6-17　柑橘进口价格影响因素的两个主成分得分

年份	第一主成分	第二主成分	年份	第一主成分	第二主成分
1992	-2. 199 01	-3. 080 48	2002	0. 017 26	0. 662 50
1993	-2. 052 83	-2. 386 16	2003	0. 177 29	0. 826 77
1994	-2. 484 61	0. 121 87	2004	0. 458 04	0. 935 43
1995	-2. 181 54	0. 295 51	2005	1. 091 50	0. 579 35
1996	-1. 506 03	-0. 123 91	2006	1. 329 72	0. 620 76
1997	-2. 073 33	0. 881 46	2007	1. 841 96	0. 479 13
1998	-1. 817 28	0. 374 39	2008	2. 377 33	0. 158 75
1999	-1. 641 61	0. 609 89	2009	3. 281 96	-0. 384 82
2000	-1. 694 55	0. 576 90	2010	4. 011 32	-0. 882 06
2001	-1. 299 30	0. 665 76	2011	4. 363 73	-0. 931 05

将柑橘进口价格对前两个主成分进行相关性检验，得到与第一个主成分的

相关系数为 0.78797，其检验 P 值小于 0.0001；与第二主成分的相关系数为 -0.29624，其检验 P 值为 0.2047，大于 0.05。这说明柑橘出口量与第一个主成分有关联性，但与第二主成分没有明显的关联性。因此，中国柑橘进口价格模型可以调整为：

$$\ln IP_t = \beta_{70} + \beta_{71}\ln IQ_t + \beta_{72}\ln IP_{t-1} + \beta_{73}Z_{71t} + \beta_{74}Z_{71,\,t-1} + \beta_{75}\ln SP_t$$
$$+ \beta_{76}\ln SP_{t-1} + V_{7t} \tag{6-11}$$

式中，β_{73}、β_{74}、β_{75}、β_{76} 为第一主成分、第一主成分的滞后项、$\ln SP_t$ 及滞后项的偏相关系数；V_{6t} 是随机误差，$V_{7t} \sim N(0,\ \sigma^2)$。

由于模型（6-11）中解释变量有滞后项，需要做 Granger 因果检验，模型需再进一步修正。将进口价格与第一主成分进行 Granger 因果检验，结果见表 6-18。发现第一主成分滞后一期的变动是产生进口价格变动的原因。

表6-18　柑橘进口价与解释变量滞后期的 Granger 检验结果

原假设	F 统计量	P 值	结论
Z_{71}（-1）不是导致 $\ln IP$ 的原因	20.3258	0.00036	Z_{61}（-1）是 IP 的原因
$\ln IP$（-1）不是导致 Z_{71} 的原因	0.14678	0.70667	
$\ln SP$（-1）不是导致 $\ln IP$ 的原因	0.0311	0.8623	$\ln SP$（-1）不是导致 $\ln IP$ 的原因
$\ln IP$（-1）不是导致 $\ln SP$ 的原因	8.7537 **	0.0092	

*表示通过显著性水平5%的检验，**表示通过显著性水平1%的检验

因此进口价格模型调整为：

$$\ln IP_t = \beta_{70} + \beta_{71}\ln IQ_t + \beta_{72}\ln IP_{t-1} + \beta_{73}Z_{71t} + \beta_{74}Z_{71,\,t-1} + \beta_{75}\ln SP_t + V_{7t}$$
$$\tag{6-12}$$

3）柑橘出口价格模型的修正

参考第 3 章推导的柑橘出口价格模型以及第 5 章确定的解释变量，将加工品价格、受灾情况、农业财政支持、物价指数、人民币汇率、中国贸易环境、工业化水平等 7 个变量进行主成分分析，得到主成分分析的特征值与贡献率，结果见表 6-19。

表6-19　柑橘出口价格影响因素主成分的特征值与贡献率

编号	特征值	特征值的差	贡献率	累积贡献率
1	3.755 093 63	2.126 273 37	0.469 4	0.469 4
2	1.628 820 26	0.723 477 81	0.203 6	0.673 0
3	0.905 342 45	0.214 411 46	0.113 2	0.786 2
4	0.690 930 99	0.249 400 01	0.086 4	0.872 5

表 6-19 显示了四个特征值的累计贡献率才超过 80%，第一个特征值的贡献率只有 46.94%。接着将柑橘出口价格对四个主成分得分作了相关性检验，发现出口价格只与第一个主成分高度相关，其相关系数为 0.92180，其检验 P 值小于 0.0001。如果采取这种方案，就意味着信息的损失程度过大。

为了尽量减少损失，本书将采取另外一种方案处理柑橘出口价格解释变量的信息。观察这 8 个变量的相关系数矩阵后发现，物价指数与其他 7 个变量的斯皮尔曼相关系数均没有通过检验。那就说明在模型的构造中，将物价指数从综合变量中分离出来单独放在模型中并不会增加多重共线性的干扰。

于是将加工品价格、受灾情况、农业财政支持、人民币汇率、中国贸易环境、工业化水平等 7 个变量进行主成分分析，得到特征值与贡献率，结果见表 6-20。

表 6-20 柑橘出口价格影响因素主成分的特征值与贡献率（无 CPI）

编号	特征值	特征值的差	贡献率	累积贡献率
1	3.75 044 873	2.38 958 603	0.535 8	0.535 8
2	1.36 086 270	0.62 214 428	0.194 4	0.730 2
3	0.73 871 841	0.19 179 996	0.105 5	0.835 7

表 6-20 的结果显示需要取三个主成分，各特征的贡献率为 53.58%。将柑橘出口价格与三个主成分的分别作相关系数，发现只有第一主成分得分与柑橘出口价格的相关系数为 0.92180，其检验 P 值小于 0.0001。表 6-21 是三个主成分的得分表。

表 6-21 柑橘出口价格影响因素的三个主成分得分

年份	第一主成分	第二主成分	第三主成分	年份	第一主成分	第二主成分	第三主成分
1992	0.925 54	-2.155 41	-1.394 05	2002	-1.694 38	1.520 42	-0.849 47
1993	0.338 51	-1.940 93	-1.491 84	2003	-1.709 03	1.649 59	-0.477 05
1994	-1.248 21	-0.376	0.050 44	2004	-0.198 5	0.620 61	-0.685 96
1995	-0.589 69	-0.379 85	0.878 56	2005	-0.405 59	1.759 74	-0.619 98
1996	0.314 72	-0.407 82	0.209 83	2006	-0.360 54	1.205 83	0.166 66
1997	-1.683 58	-0.771 53	1.548 14	2007	1.051 34	0.317 21	0.740 28
1998	-0.942 92	-2.032 29	-0.232 64	2008	1.796 01	-0.305 24	1.674 09
1999	-1.736 12	-0.688 31	0.339 37	2009	2.604 83	0.359 48	-0.325 01
2000	-2.415 09	-0.120 85	0.444 15	2010	3.168 81	1.112 99	-0.729 77
2001	-2.111 93	0.469 83	0.077 27	2011	4.895 8	0.162 53	0.676 97

根据这个数据处理的思路，中国柑橘出口价格模型可以调整为：

$$\ln EP_t = \beta_{80} + \beta_{81}\ln EQ_t + \beta_{82}\ln EP_{t-1} + \beta_{83}\ln CPI_t + \beta_{84}\ln CPI_{t+1}$$
$$+ \beta_{85}Z_{81t} + \beta_{86}Z_{81,\,t-1} + \beta_{87}\ln GP_t + \beta_{88}\ln GP_{t-1}\ V_{8t} \qquad (6\text{-}13)$$

式中，β_{83}、β_{84}、β_{85}、β_{86} 分别为物价指数 $\ln CPI$、物价指数 $\ln CPI$ 的滞后项、第一主成分、第一主成分的滞后项的偏相关系数；V_{8t} 是随机误差，$V_{8t} \sim N(0,$
$\sigma^2)$。

由于模型（6-13）中解释变量有滞后项，需要做 Granger 因果检验。将柑橘进口价格与物价指数和第一主成分进行 Granger 因果检验，得到结果见表 6-22。

表 6-22　柑橘出口价格与解释变量滞后期的 Granger 检验结果

原假设	F 统计量	P 值	结论
Z_{81}（-1）不是导致 $\ln EP$ 的原因	4.754 72	0.044 49 *	Z_{81}（-1）是 $\ln SP$ 的原因
$\ln EP$（-1）不是导致 Z_{81} 的原因	0.636 65	0.436 61	$\ln CPI$（-1）是 $\ln SP$ 的原因
$\ln CPI$（-1）不是导致 $\ln EP$ 的原因	5.472 49	0.032 62 *	$\ln GP$（-1）不是导致 $\ln EP$ 的
$\ln EP$（-1）不是导致 Z_{81} 的原因	1.603 17	0.223 58	原因
$\ln GPI$（-1）不是导致 $\ln EP$ 的原因	1.161 8	0.297 1	
$\ln EPI$（-1）不是导致 $\ln GP$ 的原因	6.470 3 *	0.021 7	

＊表示通过显著性水平 5% 的检验，＊＊表示通过显著性水平 1% 的检验

表 6-22 中显示，Z_{81}（-1）、CPI（-1）均是 EP 的格兰杰原因，但 $\ln GP$ 不是导致 $\ln EP$ 的原因，因此供给量模型调整为：

$$\ln EP_t = \beta_{80} + \beta_{81}\ln EQ_t + \beta_{82}\ln EP_{t-1} + \beta_{83}\ln CPI_t + \beta_{84}\ln CPI_{t+1}$$
$$+ \beta_{85}Z_{81t} + \beta_{86}Z_{81,\,t-1} + \beta_{87}\ln GP_t + V_{8t} \qquad (6\text{-}14)$$

4）柑橘加工品价格模型的修正

参考第 3 章推导的柑橘加工品价格模型以及第 5 章确定的解释变量，将农业财政支持、柑橘替代品的价格、中国贸易环境 3 个变量进行主成分分析，得到主成分分析的特征值与贡献率，结果见表 6-23。

表 6-23　柑橘加工品价格影响因素主成分的特征值与贡献率

编号	特征值	特征值的差	贡献率	累积贡献率
1	2.796 104 16	2.131 583 08	0.699 0	0.799 0
2	0.664 521 07	0.261 610 19	0.066 1	0.865 2

表 6-23 的结果显示，第一、第二主成分累计解释方差的比率已经超过了 86%，故可选取前两个主成分代替这 10 个影响因素指标，其贡献率分别为

74.07%、19.12%。

同时也得到了两个主成分在各个年份的主成分得分，结果见表6-24。

表 6-24　柑橘加工品价格影响因素的两个主成分得分

年份	第一主成分	第二主成分	年份	第一主成分	第二主成分
1992	-4.062 37	3.430 57	2002	-0.610 07	-1.195 92
1993	-3.107 01	2.686 05	2003	0.107 08	-1.311 50
1994	-3.330 03	0.295 25	2004	0.555 22	-1.096 07
1995	-2.445 60	0.173 35	2005	1.015 83	-1.010 81
1996	-1.867 98	-0.055 02	2006	1.885 43	-0.619 85
1997	-1.515 68	-0.550 09	2007	2.586 86	-0.083 20
1998	-1.829 41	-0.744 33	2008	3.317 81	0.608 51
1999	-1.123 75	-1.393 00	2009	3.732 10	0.747 13
2000	-1.776 23	-1.276 04	2010	4.263 62	1.182 91
2001	-1.062 66	-1.425 29	2011	5.266 85	1.637 34

将柑橘加工品价格对前两个主成分进行相关性检验，得到与第一个主成分的相关系数为 0.66617，其检验 P 值为 0.0013，小于 0.05；与第二主成分的相关系数为 -0.13534，其检验 P 值为 0.5694，大于 0.05。这说明柑橘加工品价格只与第一主成分有明显的关联性。因此，中国柑橘加工品价格模型可以调整为：

$$\ln GP_t = \beta_{90} + \beta_{91}\ln JQ_t + \beta_{92}\ln GP_{t-1} + \beta_{93}Z_{91t} + \beta_{94}Z_{91,\,t-1}$$
$$+ \beta_{95}\ln EP_u + \beta_{96}\ln EP_{t-1} + V_{9t} \tag{6-15}$$

式中，β_{93}、β_{94}、β_{95}、β_{96} 为第一主成分、第一主成分的滞后项、$\ln EP_u$ 及滞后项的偏相关系数。V_{9t} 是随机误差，$V_{9t} \sim N(0,\,\sigma^2)$。

由于模型（6-15）中解释变量有滞后项，需要做 Granger 因果检验，模型需再进一步修正。将柑橘加工品价格与两个主成分做 Granger 因果检验，得到结果见表6-25。

表 6-25　柑橘加工品与解释变量滞后期的格兰杰检验结果

原假设	F 统计量	P 值	结论
Z_{91}（-1）不是导致 $\ln GP$ 的原因	2.101 45	0.166 48	Z_{91} 与 $\ln GP$ 互不成原因
$\ln GP$（-1）不是导致 Z_{91} 的原因	2.700 79	0.119 80	
$\ln GP$（-1）不是导致 $\ln EP$	1.1618	0.2971	$\ln EP$（-1）是导致 $\ln GP$
$\ln EP$（-1）不是导致 $\ln GP$	6.4703 *	0.0217	

*表示通过显著性水平 5% 的检验，** 表示通过显著性水平 1% 的检验

表 6-25 中显示，Z_{61}（-1）不是 $\ln GP$ 的格兰杰原因，因此供给量模型进

一步修正为：

$$\ln GP_t = \beta_{90} + \beta_{91}\ln JQ_t + \beta_{92}\ln GP_{t-1} + \beta_{93}Z_{91t} + \beta_{95}\ln EP_u + \beta_{96}\ln EP_{t-1} + V_{9t}$$

$$(6\text{-}16)$$

6.2.3 模型总结

总结前面的研究成果，最终得到中国柑橘市场预警模型（称为 CCEWM 模型）如下：

（1）中国柑橘供给量模型：

$$\ln GQ_t = \beta_{10} + \beta_{11}\ln GQ_{t-1} + \beta_{14}\ln SP_{t-1} + \beta_{15}\ln SP_t + \beta_{16}Z_{11t} + V_{1t}$$

式中

$$Z_{11t} = k_{11}\,(\ln S_t)^* + k_{12}\,(\ln SC_t)^* + k_{13}\,(\ln JT_t)^* + k_{14}KJ_t^{\,*} + k_{15}\,(\ln I_t)^*$$
$$+ k_{16}\,(\ln CZ_t)^* + k_{17}\,(\ln TP_t)^* + k_{18}\,(\ln C_t)^* + k_{19}\,(\ln R_t)^*$$
$$+ k_{1,\,10}\,(\ln WJ_t)^* + k_{1,\,11}HJ_t^{\,*} + k_{1,\,12}\,(\ln WH_t)^*$$

（2）中国柑橘国内鲜果消费量模型：

$$\ln CQ_t = \beta_{20} + \beta_{21}\ln CQ_{t-1} + \beta_{22}\ln CQ_{t-2} + \beta_{23}\ln SP_t + \beta_{24}\ln SP_{t-1}$$
$$+ \beta_{25}\ln I_t + \beta_{26}Z_{21t} + \beta_{27}Z_{21,\,t-1} + V_{2t}$$

式中

$$Z_{21t} = k_{21}\,(\ln SC_t)^* + k_{22}\,(\ln JT_t)^* + k_{23}\,(\ln CZ_t)^* + k_{24}\,(\ln EC_t)^* + k_{25}\,(\ln Y_t)^*$$
$$+ k_{26}\,(\ln WJ_t)^* + k_{27}\,(\ln CPI_t)^* + k_{28}MC_t^{\,*} + k_{29}\,(\ln TP_t)^*$$

（3）中国柑橘进口量模型：

$$\ln IQ_t = \beta_{30} + \beta_{31}\ln IP_{3t} + \beta_{32}\ln IQ_{t-1} + \beta_{33}Z_{31t} + \beta_{34}\ln CQ_t + V_{3t}$$

式中

$$Z_{31t} = k_{31}\,(\ln R_t)^* + k_{32}WTO_t^{\,*} + k_{33}HJ_t^{\,*} + k_{34}\,(\ln GDP_t)^* + k_{35}\,(\ln TP_t)^*$$
$$+ k_{36}\,(\ln I_t)^* + k_{37}\,(\ln CZ_t)^* + k_{38}\,(\ln Y_t)^*$$

（4）中国柑橘出口量模型：

$$\ln EQ_t = \beta_{40} + \beta_{41}\ln EP_t + \beta_{42}\ln EQ_{t-1} + \beta_{43}Z_{41t} + \beta_{44}\ln SP_t + V_{3t}$$

式中

$$Z_{41t} = k_{41}KJ_t^{\,*} + k_{42}\,(\ln C_t)^* + k_{43}\,(\ln S_t)^* + k_{44}\,(\ln Y_t)^* + k_{45}WTO_t^{\,*}$$
$$+ k_{46}\,(\ln GDP)^* + k_{47}\,(\ln SC_t)^* + k_{48}\,(\ln JT_t)^* + k_{49}\,(\ln WJ_t)^*$$
$$+ k_{4,\,10}HJ_t^{\,*} + k_{4,\,11}\,(\ln R_t)^*$$

（5）中国柑橘加工量模型：

$$\ln JQ_t = \beta_{50} + \beta_{51}\ln GP_t + \beta_{52}\ln JQ_{t-1} + \beta_{53}Z_{51t} + \beta_{54}\ln SP_t + V_{5t}$$

式中

$$Z_{51t} = k_{51} (\ln SC_t)^* + k_{52} KJ_t{}^* + k_{53} (\ln I_t)^* + k_{54} HJ_t{}^* + k_{55} WTO_t{}^*$$
$$+ k_{56} (\ln WH_t)^* + k_{57} (\ln GY_t)^* + k_{58} (\ln TP_t)^* + k_{59} (\ln Y_t)^*$$

（6）中国柑橘销售价格模型：

$$\ln SP_t = \beta_{60} + \beta_{61} \ln GQ_t + \beta_{62} \ln SP_{t-1} + \beta_{63} Z_{61t} + \beta_{64} Z_{61, t-1} + \beta_{65} Z_{62t} + V_{6t}$$

式中

$$Z_{61t} = k_{61} (\ln C_t)^* + k_{62} (\ln I_t)^* + k_{63} (\ln SC_t)^* + k_{64} (\ln JT_t)^* + k_{65} (\ln TP_t)^*$$
$$Z_{62t} = k'_{61} (\ln C_t)^* + k'_{62} (\ln I_t)^* + k'_{63} (\ln SC_t)^* + k'_{64} (\ln JT_t)^* + k'_{65} (\ln TP_t)^*$$

（7）中国柑橘进口价格模型：

$$\ln IP_t = \beta_{70} + \beta_{71} \ln IQ_t + \beta_{72} \ln IP_{t-1} + \beta_{73} Z_{71t} + \beta_{74} Z_{71, t-1} + \beta_{75} \ln SP_t + V_{7t}$$

式中

$$Z_{71t} = k_{71} (\ln R_t)^* + k_{72} (\ln GDP_t)^* + k_{73} (\ln I_t)^* + k_{74} WTO_t{}^* + k_{75} HJ_t{}^*$$

（8）中国柑橘出口价格模型：

$$\ln EP_t = \beta_{80} + \beta_{81} \ln EQ_t + \beta_{82} \ln EP_{t-1} + \beta_{83} \ln CPI_t + \beta_{84} \ln CPI_{t+1}$$
$$+ \beta_{85} Z_{81t} + \beta_{86} Z_{81, t-1} + \beta_{87} \ln GP_t + V_{8t}$$

式中 $Z_{81t} = k_{81} (\ln ZH_t)^* + k_{82} (\ln NZ_t)^* + k_{83} (\ln CPI_t)^* + k_{84} (\ln R_t)^*$
$$+ k_{85} HJ_t{}^* + k_{86} (\ln GY_t)^*$$

（9）中国柑橘加工价格模型：

$$\ln GP_t = \beta_{90} + \beta_{91} \ln JQ_t + \beta_{92} \ln GP_{t-1} + \beta_{93} Z_{91t} + \beta_{95} \ln EP_u + \beta_{96} \ln EP_{t-1} + V_{9t}$$

式中

$$Z_{91t} = k_{91} (\ln NZ_t)^* + k_{92} (\ln TP_t)^* + k_{93} HJ_t{}^*$$

运用 SAS 软件，对 9 个模型进行三阶段最小二乘估计，得到 9 个模型的参数估计值和检验。本书只列出主模型的拟合情况。

6.3　柑橘市场预警模型的实证分析

在 6.2 节里，本书已经系统地对中国柑橘市场预警模型进行了修正，为模型的实证研究作好了理论上的准备。任何理论模型在进行实证研究时，都会根据数据拟合的统计学检验的结果对模型进行再次修正。本书的中国柑橘市场预警模型是由 5 个主模型和 4 个辅助模型构成，每个模型之间相互依存相互制约。不同于独立的单方程，模型的拟合需要有一个整体的思想。

6.3.1　三阶段主成分-联立方程最小二乘估计的思想

本书建立的中国柑橘预警模型可将主成分很好地融入联立方程的模型。9

个模型中均将用于残差修正的解释变量综合成新的变量，这些综合变量在联立方程中充当真正变量的角色，一旦需要研究构成综合变量的某个变量对被解释变量的影响时，就可以将其单独作为变量放入模型作为解释变量，而其余用于残差修正的解释变量用主成分的方法综合成新的变量，并作为解释变量进入模型中。这种思想是一个创新。本书将这种方法取名为"主成分-联立方程模型"。

将主成分融入联立方程中的优势是，研究某个解释变量对被解释变量的影响就将其移出主成分，显得进出自由，伸缩自如，既不会影响模型的波动，又达到了研究的目的。

本书所用的估计方法是三阶段最小二乘法。三阶段最小二乘法（three-stage least squares，3SLS）是由 Zellner 和 Theil 于 1962 年提出的。三阶段最小二乘法是同时估计联立方程系统内所有方程的系统估计方法，当方程右边的解释变量与误差项相关，并且残差存在异方差和同期相关时，3SLS 是一种有效的估计方法。

3SLS 方法的基本思路是：先用两阶段最小二乘法估计每个方程，然后再对整个联立方程系统利用广义最小二乘法估计。前两阶段与 2SLS 一样，在得到所有方程的 2SLS 估计后，利用方程的 2SLS 估计参数，计算每个方程的残差值，从而估计方程之间的方差和协方差。在第三阶段，利用广义最小二乘法，得到 3SLS 的参数估计量。

三阶段最小二乘法是系统的动态估计。联立方程多个模型拟合的某一个被解释变量的值，与把这个被解释变量所在的方程单独拿出来进行拟合的值是不一样的。综合在一起做的拟合精度普遍比单独方程做的精度要高很多。当然也不排除极少精度已经很高的被解释变量，三阶段最小二乘法做的效果可能会比单方程的最小二乘法做得效果差一些。

将中国柑橘市场预警模型进行三阶段最小二乘估计，得到了 9 个模型的回归参数估计值和检验结果。由于本书的重点是柑橘市场预警，市场预警的核心是柑橘的供给量、国内鲜果消费量、出口量和加工量；但为了能方便地预测柑橘未来产量的变化，柑橘进口量也是核心的指标。下面将依次介绍这 5 个核心指标模型的参数估计、检验和拟合情况，以期解释其经济含义，为模型的应用提供理论依据。

6.3.2　中国柑橘供给量模型的拟合与检验

对中国柑橘供给量模型

$$\ln GQ_t = \beta_{10} + \beta_{11}\ln GQ_{t-1} + \beta_{14}\ln SP_{t-1} + \beta_{15}\ln SP_t + \beta_{16}Z_{11t} + V_{1t}$$

的参数估计与检验的结果见表6-26。

表6-26 中国柑橘供给量模型参数估计与检验

变量	系数	标准误	t 值	P 值
常数	8.196 1 ***	1.292 3	6.342 1	0.000 0
$\ln GQ_{t-1}$	−0.098 9	0.154 0	−0.642 3	0.523 2
$\ln SP_{t-1}$	0.062 3 **	0.025 8	2.415 5	0.018 9
$\ln SP_t$	−0.130 5 ***	0.032 0	−4.084 4	0.000 1
Z_{1t}	0.129 7 ***	0.016 6	7.808 5	0.000 0
其他检验	$R^2 = 0.993\,8$	$\overline{R^2} = 0.989\,0$	$D.W. = 2.192\,2$	

*，**，*** 分别表示在0.10，0.05，0.01 水平下相关系数显著

供给量模型的参数估计和检验包含以下经济信息：

第一，在参数检验中只有供给量的滞后一期没有通过检验，这说明没有足够的证据表明上一年的供给量的大小对当年①的供给量有影响。一般而言，柑橘树栽种后，一般要等到三四年后才能挂果。到了第6年后就为成年树，10年左右达到高产，20年后果树开始衰老，产量开始下降。正是柑橘树的这种生长规律，人们不可能会根据上年的供给量去调整当年的供给量。在管理水平变化不大的情况下，柑橘的供给量的变化还受到其他经济因素的影响，如价格、市场化水平等。有一点需要强调，本书谈到的供给量是指能够出售的柑橘产品，并不是销售到消费者手里的柑橘数量。

第二，滞后一期的柑橘销售价格的参数估计值为正，且通过了统计检验。这说明上年的柑橘销售价格对当年的柑橘供给量有正的影响。这比较符合实际。赣南脐橙、南丰蜜橘、温州蜜柑等主产区均表现出这种规律，即上年的柑橘销售价格比较好，广大橘农觉得柑橘好卖，当年就会精心管理柑橘园，力求高产，当年的柑橘供给量就会增大，反之亦然。这就说明柑橘销售价格存在着比较明显"蛛网模型"效应，今年的价格对明年的供给量产生能动作用。

第三，当年的柑橘销售价格参数虽然通过了检验，但回归系数为负，说明当年的销售价格与当年的供给量之间是反向关系。事实上这正好反映了柑橘产业存在的实际情况。假如上年的价格较高，当年的柑橘供给量就增大，可能会造成供大于求，导致柑橘销售价格下降。据国家柑橘产业技术研发中心产业经

---

① 上年或上一年是指滞后一年，即讨论的那个年份的去年一年。当年就是指正在讨论的那一年。例如，如讨论2011 年，那2011 年称之为当年，2010 年就为上年或上一年。以下同。

济研究室的调研发现，柑橘产业存在着比较明显的"增产不增收，减产不减收"的状况。

第四，第一主成分主要指向柑橘种植面积、市场化水平、交通状况、科技进步率、居民可支配收入、城镇化进程、柑橘生产总成本、世界经济水平、中国贸易环境、农民受教育程度等因素，它们与柑橘供给量是正相关。这表明，这些因素向好的方面增长，如市场化水平提高，交通状况更好、居民可支配收入增加，城镇化进程加快、柑橘投资增加、世界经济水平提高和中国贸易环境改善等，都会刺激柑橘产业发展，导致柑橘供给量增加。

第五，从复相关系数来看，柑橘供给量被解释的信息达到99.38%。表6-27以及图6-1是供给量的拟合值与真实值的对比效果。经计算，平均拟合误差仅有1.21%，精度高达98.79%。

表 6-27　中国柑橘供给量拟合值与真实值比较

年份	拟合值	实际值	相对误差/%	年份	拟合值	实际值	相对误差/%
1994	675. 98	684. 52	1. 25	2003	1 351. 15	1 353. 03	0. 14
1995	816. 72	822. 43	0. 69	2004	1 504. 86	1 502. 52	0. 16
1996	842. 75	846. 29	0. 42	2005	1 596. 52	1 598. 06	0. 10
1997	1 004. 93	1 011. 6	0. 66	2006	1 783. 31	1 797. 72	0. 80
1998	839. 67	859. 6	2. 32	2007	2 045. 4	2 065. 71	0. 98
1999	1 070. 35	1 081. 68	1. 05	2008	2 315. 34	2 339. 29	1. 02
2000	904. 54	884. 5	2. 27	2009	2 522. 31	2 530. 26	0. 31
2001	1 188. 14	1 167. 49	1. 77	2010	2 699. 12	2 655. 73	1. 63
2002	2 002	1 223. 41	1 204. 82	2 011	2 982. 21	2 957. 17	0. 85

由于整个预警模型中有滞后两期的变量，所以就没有1992、1993年的拟合值。下同

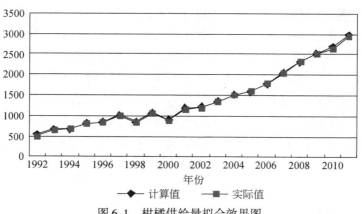

图 6-1　柑橘供给量拟合效果图

6.3.3 中国柑橘国内鲜果消费量模型的拟合与检验

中国柑橘国内鲜果消费量模型

$$\ln CQ_t = \beta_{20} + \beta_{21}\ln CQ_{t-1} + \beta_{22}\ln CQ_{t-2} + \beta_{23}\ln SP_t + \beta_{24}\ln SP_{t-1}$$
$$+ \beta_{25}\ln I_t + \beta_{26}Z_{21t} + \beta_{27}Z_{21,\,t-1} + V_{2t}$$

的参数估计和检验结果见表 6-28。

表6-28 中国柑橘国内鲜果消费量模型的参数估计和检验

变量	系数	标准误	t 值	P 值
常数	7.521 8 ***	1.110 2	6.775 2	0.000 0
$\ln CQ_{t-1}$	−0.306 3 **	0.138 7	−2.208 1	0.031 2
$\ln CQ_{t-2}$	0.159 8 **	0.064 9	2.462 3	0.016 8
$\ln SP_t$	−0.076 4 ***	0.024 7	−3.096 3	0.003 0
$\ln SP_{t-1}$	0.013 7	0.028 9	0.471 8	0.638 9
$\ln I_t$	0.144 8 *	0.082 4	1.757 3	0.084 1
$Z_{1,\,t}$	0.113 6 **	0.013 3	8.542 3	0.000 0
$Z_{1,\,t-1}$	0.003 5	0.023 3	0.151 3	0.880 3
其他检验	$R^2 = 0.996\ 7$	$\overline{R^2} = 0.994\ 2$	$D.W. = 1.976\ 4$	

*，**，*** 分别表示在 0.10，0.05，0.01 水平下相关系数显著

表 6-28 显示出以下信息：

第一，柑橘消费量的滞后一期和滞后二期与柑橘国内鲜果消费量具有相关性，因为它们的参数估计检验 P 值均小于 0.05；但滞后一期的回归系数为负值，滞后二期的回归系数为正值。这似乎是个奇怪的现象。但仔细思考，这里面蕴含着一个经济现象。消费者购买柑橘鲜果的数量与前年正相关，与去年负相关，说明柑橘销售存在着价格不稳定的情况。柑橘价格即使是同一品种在不同地区的价格也不会一样。假设在一个局部产区的某一品种，例如赣南脐橙，假若前年的供给量比较充足时，柑橘价格就会较低，消费者购买柑橘鲜果的数量将会增多；价格比较低后，柑橘种植者的积极性就会受到打击，对柑橘园的管理就会松懈，柑橘供给量就会在去年下降，供给量就会出现不足，价格就会上升，消费者购买的欲望就会下降。价格上升后，今年的供给量就会反弹，价格又会降低。所以柑橘消费量的大小是相邻年负相关，隔一年正相关。

第二，柑橘的当年销售价格与柑橘国内鲜果消费量相关，检验 P 值远小于 0.05，而且回归系数为负数。这符合需求理论。当价格上涨 1% 时，消费者将

减少柑橘消费量 0.0764 美元。因为参数检验的 P 值为 0.6389，大于 0.05，说明滞后一期的柑橘销售价格与鲜果消费量无关。前面已经分析了，消费者购买柑橘的意愿隔一年相似，相邻年无关。这刚好也符合这个规律。

第三，居民可支配收入与柑橘的鲜果消费量密切相关，而且相关系数为正。说明当居民可支配收入每增加 1% 时，柑橘鲜果消费量将增加 0.1448%，这就是鲜果消费的收入弹性。

第四，第一主成分与柑橘鲜果消费量正相关，其检验 P 值远小于 0.05，而第一主成分指向市场化水平、交通状况、城镇化进程、恩格尔系数、柑橘产量、出口量等因素，说明市场化水平越高、交通状况越好、城镇化进程越快、产量越大等对于柑橘鲜果消费量的提高是有正面的作用。

第五，从复相关系数来看，柑橘国内鲜果消费量被解释的信息达到 99.67%。表 6-29 以及图 6-2 是柑橘国内鲜果消费量的拟合值与真实值的对比效果。经计算，柑橘国内鲜果消费量平均拟合误差只有 6.29%，精度高达 93.71%。

表 6-29　中国柑橘国内鲜果消费量拟合值与真实值比较

年份	拟合值	实际值	相对误差/%	年份	拟合值	实际值	相对误差/%
1994	558.8	618.68	9.68	2003	1 351.15	1 353.03	2.51
1995	652.73	751.79	13.18	2004	1 504.86	1 502.52	8.08
1996	666.79	770.96	13.51	2005	1 596.52	1 598.06	7.63
1997	845.74	925.33	8.60	2006	1 783.31	1 797.72	2.12
1998	775.37	766.72	1.13	2007	2 045.4	2 065.71	0.94
1999	1 077.34	980.92	9.83	2008	2 315.34	2 339.29	2.25
2000	946.18	823.24	14.93	2009	2 522.31	2 530.26	2.19
2001	1 235.21	1 089.79	13.34	2010	2 699.12	2 655.73	0.95
2002	1 190.81	1 120.66	6.26	2011	2 982.21	2 957.17	2.37

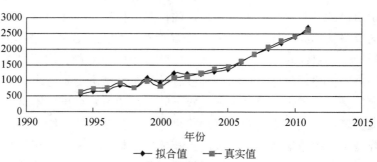

图 6-2　柑橘国内鲜果量拟合效果图

6.3.4 中国柑橘进口量模型的拟合与检验

中国柑橘进口量模型

$$\ln IQ_t = \beta_{30} + \beta_{31}\ln IP_{3t} + \beta_{32}\ln IQ_{t-1} + \beta_{33}Z_{31t} + \beta_{34}\ln CQ_t + V_{3t}$$

的参数估计和检验结果见表6-30。

表6-30 中国柑橘进口量模型的参数估计和检验

变量	系数	标准误	t 值	P 值
常数	5. 299 053	4. 352 3	1. 553 6	0. 125 7
$\ln IP_{3t}$	−0. 497 121 ***	0. 130 6	2. 971 4	0. 004 3
$\ln IQ_{t-1}$	0. 813 085	0. 704 6	−0. 087 1	0. 930 9
Z_{31t}	0. 097 795 **	0. 098 0	1. 871 3	0. 046 3
$\ln CQ_t$	0. 023 456	0. 057 56	0. 214 5	0. 153 4
其他检验	$R^2 = 0.929\ 4$	$\overline{R}^2 = 0.915\ 3$	$D.W. = 1.7130$	

*，**，***分别表示在0.10，0.05，0.01水平下相关系数显著

表6-30蕴含着以下经济信息：

第一，柑橘进口量依赖柑橘进口价格，而且高度负相关，这是显然的。如果柑橘价格过高，进入竞争激烈的中国柑橘市场其销售必定会面临着较大的压力，进口商进货的愿望就会降低。虽然进口的柑橘品种或品质与国内柑橘有所不同，但国内柑橘种类多也不乏一些品种很好的柑橘。例如云南褚时健经营的"褚橙"脐橙，价格高品质好享誉海内外。

第二，柑橘进口量与第一主成分高度相关，而第一主成分与居民可支配收入、城镇化进程、柑橘替代品价格、中国柑橘产量、中国贸易环境、WTO、人均GDP有关。这说明居民收入越高，国家综合实力越强、中国柑橘产量越高、替代品价格越高等，均会刺激柑橘进口量的增长。

第三，柑橘国内鲜果消费量对柑橘进口量的影响不显著。这可能是因为中国进口的柑橘品种一来数量少，二来本身中国柑橘已经出现供大于求的局面，三来进口的品种可能与国内产品具有互补性，竞争性小。

表6-31的中国柑橘进口量的拟合效果对比显示了柑橘进口量拟合的精度不很高，只达到81.65%。主要原因是柑橘进口数据出现了较大的波动性，在1998年亚洲金融危机期间，中国进口量从1997年的13836.015吨急剧下降到5591.897吨，而1999年又上升至29685.544吨，形成了一个过于明显的波谷。要想提高模型拟合的精度，可以进行数据异常值的处理或者增加虚拟变量。本

书力图解释真实的经济规律，故没有采取这些方法。

表6-31　中国柑橘进口量拟合值与真实值比较

年份	拟合值/吨	实际值/吨	相对误差/%	年份	拟合值/吨	实际值/吨	相对误差/%
1994	603.23	668.79	9.80	2003	62 428.41	76 636.73	18.54
1995	1 718.66	2 321.03	25.95	2004	76 085.43	66 889.30	13.75
1996	5 140.20	6 326.04	18.75	2005	71 556.58	61 530.33	16.29
1997	12 586.92	13 836.02	9.03	2006	72 430.34	78 931.26	8.24
1998	6 453.39	5 591.90	15.41	2007	89 419.80	74 421.28	20.15
1999	9 861.32	29 685.54	66.78	2008	83 075.84	79 946.39	3.91
2000	35 508.03	61 860.82	42.60	2009	97 205.83	91 635.30	6.08
2001	67 617.63	67 860.29	0.36	2010	100 995.03	105 275.30	4.07
2002	78 069.08	58 194.76	34.15	2011	110 085.80	131 739.31	16.44

6.3.5　中国柑橘出口量模型的拟合与检验

中国柑橘出口量模型

$$\ln EQ_t = \beta_{40} + \beta_{41}\ln EP_t + \beta_{42}\ln EQ_{t-1} + \beta_{43}Z_{41t} + \beta_{44}\ln SP_t + V_{3t}$$

的参数估计和检验见表6-32。

表6-32　中国柑橘出口量模型的参数估计和检验

变量	系数	标准误	t 值	P 值
常数	7.951 386 ***	2.303 604	3.451 716	0.003 6
$\ln EP_t$	−0.050 258	0.137 589	−0.365 280	0.720 0
$\ln EQ_{t-1}$	0.395 701 **	0.155 687	2.541 643	0.022 6
Z_{41t}	0.153 399 ***	0.046 004	3.334 457	0.004 5
$\ln SP_t$	−0.01 244 **	0.0321 456	2.214 56	0.041 2
其他检验	$R^2 = 0.964\ 2$	$\overline{R}^2 = 0.957\ 1$	$D.W. = 1.945\ 3$	

*，**，*** 分别表示在0.10，0.05，0.01 水平下相关系数显著

通过回归参数的 t 检验P值的理解，表6-32 蕴含了以下经济含义：

第一，柑橘出口价格的 t 检验P值大于0.10，说明没有足够的证据证明柑橘出口价格对柑橘出口量有推动作用，这是个匪夷所思的结论。观察近20年的中国柑橘出口量和出口价格的走势，发现它们之间并没有趋同性。这个信息充分暴露了中国柑橘出口存在的问题：出口量增加但收益并没有随之同步增

加。中国柑橘产业现在最大的困难是销售难，面对激烈的国内销售市场，出口商们面临着外国进口商的压价和国内出口商竞争的双重压力，为减少损失被迫低价出口柑橘。这也说明中国柑橘出口秩序混乱。

第二，柑橘出口量的滞后期的回归系数为 0.3957，其 t 检验 P 值小于 0.05，表明上一年的柑橘出口量对当年柑橘出口量有能动关系，这说明中国柑橘出口的渠道还比较畅通，信誉比较好，出口能力还是值得肯定的，但同时也说明中国柑橘出口管道比较固定，没有经常开拓新的出口通道。这对于柑橘出口是不利的。

第三，第一主成分的回归系数为 0.153399，其 t 检验 P 值小于 0.01，说明第一主成分对中国柑橘出口量有很强的正向能动作用。第一主成分主要是与柑橘种植面积、市场化水平、柑橘生产成本、中国柑橘产量、人均 GDP、交通状况、世界经济水平和中国贸易环境相关。市场化水平高，交通状况好，有利于组织出口货源，降低出口交易成本。种植面积大、产量大、生产成本高说明中国柑橘货源充足，果园管理精细，柑橘产品质量有保障，出口竞争力就强。世界经济水平和中国贸易环境反映的是出口环境。世界经济水平高，外国就有能力购买中国的柑橘产品。人均 GDP 反映的是中国的综合实力。国家富强，就会促进各方面的工作，包括出口基地的建设、出口退税等，这些都有利于柑橘产品的出口。

第四，柑橘销售价格的回归系数为 -0.01244，其 t 检验 P 值小于 0.05，说明柑橘销售价格对柑橘出口量有反向的能动作用。其原因在于，国内柑橘销售价格越高，出口成本就会越高，贸易利润会有所降低，这样会降低出口商的积极性，从而导致柑橘出口量的减少，反之亦然。

表 6-33 中国柑橘出口量拟合值与真实值比较

年份	拟合值/吨	实际值/吨	相对误差/%	年份	拟合值/吨	实际值/吨	相对误差/%
1994	104 401.40	88 763.01	17.62	2003	228 693.04	216 846.52	5.46
1995	115 821.54	137 675.02	15.87	2004	275 969.33	292 034.42	5.50
1996	148 617.90	143 320.90	3.70	2005	343 579.39	361 384.79	4.93
1997	159 171.48	166 128.02	4.19	2006	417 102.50	465 622.99	10.42
1998	180 555.74	223 122.40	19.08	2007	496 075.36	435 119.76	14.01
1999	188 954.29	175 458.37	7.69	2008	566 766.76	564 491.34	0.40
2000	200 134.73	176 290.79	13.53	2009	698 515.98	862 104.86	18.98
2001	182 744.31	200 271.03	8.75	2010	909 748.54	111 950.16	18.18
2002	219 098.74	171 239.70	27.95	2011	050 166.77	933 089.32	12.55

第五，表6-33的拟合值与实际值的比较结果显示，中国柑橘出口模型拟合的精度达到了预期的效果，平均精度达到了88.4%。各年份中拟合误差最大的也不到20%，最小的只有0.4%。

6.3.6　中国柑橘加工量模型的拟合与检验

中国柑橘加工量模型

$$\ln JQ_t = \beta_{50} + \beta_{51}\ln GP_t + \beta_{53}\ln JQ_{t-1} + \beta_{53}Z_{51t} + \beta_{54}\ln SP_t + V_{5t}$$

的参数估计和检验见表6-34。

表6-34　中国柑橘加工量模型的参数估计和检验

变量	系数	标准误	t 值	P 值
常数	−0.750 0	2.246 2	−0.333 9	0.739 7
$\ln GP_t$	0.268 1 *	0.252 1	1.063 7	0.091 9
$\ln JQ_{t-1}$	0.286 1	0.210 0	0.662 7	0.175 2
Z_{51t}	0.123 0 *	0.226 0	1.054 4	0.086 1
$\ln SP_t$	−0.054 1 *	0.201 2	0.261 2	0.073 2
其他变量	$R^2 = 0.732\ 7$	$\overline{R^2} = 0.679\ 2$	$D.W. = 1.957\ 348$	

*，**，*** 分别表示在0.10，0.05，0.01水平下相关系数显著

表6-34的结果蕴含以下经济信息：

第一，柑橘加工品的价格的回归系数为0.2681，其t检验P值小于0.10，说明柑橘加工品的价格正向影响着柑橘加工量的变动。正是因为加工品的附加价值高，所以利润大。一些有实力的柑橘种植业大户或合作社在政府优惠政策的扶持下建设了加工厂，生产柑橘深加工产品。类似于湖北秭归的"屈姑"柑橘加工厂正在大力建设，产品也正在研究。但不得不承认，中国的柑橘加工特别是橙汁的生产尚处在一个很低的水平上，柑橘加工业任重道远。

第二，第一主成分的回归系数为0.1230，其t检验P值小于0.10，说明第一主成分正向影响着柑橘的加工量。第一主成分主要与市场化水平、居民可支配收入、中国贸易环境、是否进入WTO、农民受教育程度、工业化水平、柑橘产量等相关。柑橘产量保证柑橘加工的原材料，工业化水平体现出加工的能力，中国贸易环境和是否加入WTO则是保障加工品的出口，居民的可支配收入则是保障加工工厂的建设，农民受教育程度则是柑橘加工厂工人素质的保证。

第三，柑橘销售价格的回归系数为−0.0541，其t检验P值小于0.10，说

明柑橘销售价格反向影响着柑橘的加工量。柑橘销售价格高，用于柑橘加工所收购的柑橘价格也会随之升高，就会增加柑橘加工的生产成本，使得利润率受到威胁，加工制品的价格就会上升。价格是需求的减函数，一旦产品的价格上升了，需求量就会下降，加工制品的需求就会不足，加工厂家就会降低加工品的产量，加工耗用的柑橘鲜果量也会随之降低。

表 6-35　柑橘加工量拟合值与真实值比较

年份	拟合值	实际值	相对误差/%	年份	拟合值	实际值	相对误差/%
1994	36.04	33.36	8.04	2003	47.85	53.02	9.76
1995	41.23	40.31	2.28	2004	52.23	53.83	2.98
1996	45.09	41.65	8.27	2005	60.37	63.60	5.08
1997	42.68	41.06	3.96	2006	65.07	87.76	25.85
1998	37.12	53.04	30.03	2007	80.51	99.07	18.73
1999	42.84	66.06	35.15	2008	90.40	77.60	16.50
2000	39.74	23.19	71.35	2009	82.24	73.71	11.58
2001	41.98	40.38	3.97	2010	90.95	74.10	22.74
2002	45.25	38.39	17.88	2011	117.66	122.47	3.93

第四，表 6-35 的拟合值与实际值的比较结果显示，中国柑橘加工模型拟合的精度基本上达到了预期的效果，平均精度达到了 83.44%。

6.4　本章小结

由于本书只用到柑橘预警主模型的结果，柑橘销售价格模型、柑橘进口价格模型、柑橘出口价格模型、柑橘加工价格模型作为计算辅助的模型在这里就不一一阐述。从计算的结果看，9 个模型的拟合精度均达到 80% 以上。拟合精度最高的是柑橘供给量模型，最低的是加工价格模型，仅有 80.45%。详情见表 6-36。

作为联立方程组模型，每个模型的拟合精度均达到 80% 以上，模型已经显示了良好的实用性。这个模型除了应用在中国柑橘市场预警上，还可以用到其他的农作物上。针对每种农作物的特性和生产需求规律对模型进行适当的修改即可。

在模型计算的时候，也发现模型存在一些需要改进的地方。例如，变量存在着序列相关，怎么在模型中进行处理呢（如加工量，其 DW 值为 1.2453，明显存在着序列相关）？怎么尽量克服多重共线的影响呢？多重共线性在联立方程中还是无法回避的。联立方程里的单方程拟合出来的被解释变结果与整个联立方程拟合这个被解释变量的结果不尽相同，那怎么把两者联系起来呢？这些联立方程理论上的问题还需要作进一步的研究。

表 6-36　中国柑橘市场预警模型拟合精度与相关性

主模型	GQ 模型	CQ 模型	EQ 模型	IQ 模型	JQ 模型
平均精度/%	98.79	93.71	81.65	88.4	83.44
R^2	0.993 8	0.996 7	0.929 4	0.964 2	0.732 7
DW 值	2.192 2	1.976 4	1.713 0	1.945 3	1.957 3
辅助模型	SP 模型	IP 模型	EP 模型	GP 模型	
平均误差/%	84.74	85.21	88.33	80.45	
R^2	0.881 2	0.759 7	0.842 3	0.672 5	
DW 值	1.845 6	2.124 1	1.541 2	1.245 3	

还有两点需要在此作出说明：

第一，9 个子模型中一些变量没有通过 t 检验，如果是在单方程模型中就需要将其移出模型。但是在联立方程模型中，这种做法极冒风险。因为在两阶段估计完之后，三阶段估计是利用方程的 2SLS 估计参数，计算每个方程的残差值，估计方程之间的方差和协方差，并在第三阶段，利用广义最小二乘法，得到 3SLS 的参数估计量。如果我们删除了不显著的变量，在进行三阶段估计的时候，所面临的两阶段已经不是原来的那个两阶段了。这样会导致模型拟合失控，解释变量有可能几乎删除了。因此，本书对建立的联立方程模型中不显著的变量一律不予理会。

第二，中国柑橘市场预警模型是一个可以用来作预测的模型，即可转化成简化式。柑橘供给量模型、柑橘国内鲜果消费量模型与柑橘销售价格模型相互之间有联系；柑橘进口量模型与柑橘进口价格模型之间有联系；柑橘出口量模型和柑橘出口价格模型有联系。由于本书限于数据量的原因，将理论模型被解释变量以外的其他解释变量综合成新的变量，回避了这些变量在各个模型之间的纽带作用，降低了模型计算的难度。

第 7 章
中国柑橘市场预警模型的应用

中国柑橘市场预警模型是一个复杂的网络系统，系统内部的多个模型基本上把影响中国柑橘生产、消费、进出口、加工的所有因素都考虑在内了。然而，任何一个数学模型也不可能放之四海而皆准，模型必须有它的使用环境。本书构造的模型适用于农产品市场预警。

本章将在第 6 章构建的中国柑橘市场预警模型的基础上，在一定的假设前提下，研究四个问题。

第一个问题，到 2020 年，当居民收入比 2011 年增长一倍的前提下中国柑橘国内鲜果消费量将会达到多少？在中国的国民收入达到美国当前水平时，柑橘国内鲜果消费量将又会达到多少？第二个问题，在控制柑橘种植面积的情况下，中国柑橘最大供给量将会达到多少？第三个问题，城镇化在中国柑橘市场预警模型中发挥了怎样的作用？第四个问题，人民币兑美元汇率在今后一段时间内可能会继续上升，人民币汇率的变动将如何影响中国柑橘出口？

7.1 外生解释变量的趋势判断

所谓外生解释变量就是中国柑橘市场预警模型中每一个子模型里没有做过被解释变量的变量，包括主成分构建的变量、居民可支配收入以及物价指数。

仿真预测的一个前提是，每个模型的的被解释变量，除了滞后项外，都需要知道其发展趋势。也就是说，假定 1992~2011 年间的各项指标的发展态势继续适用于 2012~2020 年。9 个模型中需要预测的变量是各个主成分变量、居民可支配收入以及物价指数。

7.1.1 主成分解释变量的预测

由于主成分是一个综合变量，虽然有其经济含义，但毕竟不是一个单独的经济变量，它们的发展趋势只能将主成分展开，表达成经济变量的线性组合才可以进行预测。但考虑到我们做的是短期预测，在短期预测中，综合变量的发展趋势不会有大的变化。因此，本书不采用将主成分展开的方法。

人工神经网络作为一种并行的计算模型，有很强的非线性映射能力，对被建模对象的先验知识要求不高，具有传统建模方法所不具备的很多优点。基于此，本书决定建立基于广义回归神经网络（GRNN）的各指标预测模型

广义回归神经网络（GRNN）[①] 是一种径向基神经网络，有非常强的非线性映射能力和柔性网络结构，还有高度的鲁棒性和容错性，适用于解决非线性问题，并且 GRNN 在逼近能力和学习速度上较普通的径向基网络有更强的优势，其网络最后收敛于样本量积聚较多的优化回归面，即使是样本数据量比较少的时候其预测效果也较好。而本书样本数据量最多只有 20，属于少样本数据量的情况，可使用 GRNN。

GRNN 由四层构成，分别为输入层、模式层、求和层和输出层（图 7-1）。网络的输入为 $X = [x_1, x_2, \cdots x_n]^T$，网络的输出为 $Y = [y_1, y_2, \cdots y_k]^T$。

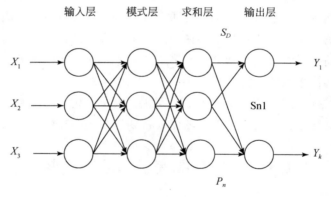

图 7-1　广义回归神经网络结构图

（1）输入层。输入层神经元数目等于学习样本中输入向量的维数，各个神经元是简单的分布单元，直接将输入变量传递给模式层。

（2）模式层。模式层神经元数目等于学习样本的数目 n，各神经元对应不同的样本，模式层神经元的传递函数为：

$$p_i = \exp\left[-\frac{(X - X_i)^T(X - X_i)}{2\sigma^2}\right] \qquad i = 1, 2, \cdots n \qquad (7\text{-}1)$$

① 详细原理参考史峰等编著的《MATLAB 智能算法 30 个案例分析》（北京航空航天大学出版社，2011 年 7 月）一书第 26 章第一节。

式中，X 为网络输入变量；X_i 为第 i 个神经元对应的学习样本。

神经元 i 的输出为输入变量与其对应的样本 X 之间欧几里得距离平方的指数平方 $D_i^2 = (X - X_i)^T(X - X_i)$ 的指数形式。

（3）求和层。求和层中使用两种类型神经元进行求和，即对所有的模式层神经元进行加权求和。

第一类的计算公式：

$$\exp\left[-\frac{(X - X_i)^T(X - X_i)}{2\sigma^2} \right] \tag{7-2}$$

此时，模式层与各神经元的连接权值为 1，它的传递函数为 $S_D = \sum\limits_{i=1}^{n} P_i$

第二类的计算公式：

$$\exp Y_i\left[-\frac{(X - X_i)^T(X - X_i)}{2\sigma^2} \right] \tag{7-3}$$

此时，模式层中第 i 个神经元与求和层中第 j 个分子求和神经元之间的连接权值为第 i 个输出样本 Y_i 中的第 j 个元素，传递函数为：

$$S_{Nj} = \sum_{i=1}^{n} y_{ij} P_i \qquad j = 1, 2, \cdots, k \tag{7-4}$$

（4）输出层。输出层中的神经元数目等于学习样本中输出向量的维数 k，各神经元将求和层的输出进行相除，神经元 j 的输出对应估计结果 $Y(x)$ 的第 j 个元素，即

$$y_j = \frac{S_{Nj}}{S_D} \qquad j = 1, 2, \cdots, k \tag{7-5}$$

由于本书数据量较少，我们采取交叉验证方法训练 GRNN 神经网络。

训练神经网络的最终目的是使训练好的网络模型对非训练样本具有较好的泛化能力。所以在训练网络的时候，不仅要考虑训练样本的误差，还要考虑模型对非训练样本的误差。

由于 GRNN 网络的训练过程是随机选取一个训练样本输入到网络中，进行一次训练，然后再随机选取下一个训练样本进行训练。训练样本的输入顺序可能会影响网络的训练，训练出的网络随机性大，而且样本数量可能也不够丰富。所以采用交叉验证来加强所建立的网络模型的泛化能力。

这里采用 K 折交叉验证法，步骤如下：①将样本分成独立的 K 个部分；②轮流选择其中 K-1 份训练，剩余一份做验证，计算预测误差平方和；③把 K 次的预测误差平方和再做平均作为选择最优网络结构的依据。

运用 MATLAB 程序，程序见附录 4。计算得到 10 个主成分以及物价指数

和居民收入的预测值，具体结果详见表7-1。

表 7-1　中国柑橘预警模型中主成分变量的预测值

年份	Z_{11t}	Z_{21t}	Z_{31t}	Z_{41t}	Z_{51t}	Z_{61t}	Z_{62t}	Z_{71t}	Z_{81t}	Z_{91t}
2012	6.44	4.33	4.31	5.93	5.32	6.01	2.12	4.65	5.68	6.01
2013	7.34	4.74	4.55	7.02	5.86	6.88	2.64	5.11	6.44	6.84
2014	8.12	5.15	4.88	7.33	6.21	7.51	3.26	5.45	7.12	7.46
2015	9.03	5.57	5.12	8.12	6.82	8.21	3.97	5.97	7.88	7.99
2016	10.25	5.98	5.44	8.51	7.46	9.13	4.54	6.45	8.31	8.79
2017	11.35	6.39	5.81	9.14	8.11	10.21	5.12	6.99	8.88	9.46
2018	12.51	6.80	6.11	9.89	8.94	11.14	5.78	7.61	9.41	10.32
2019	13.62	7.22	6.42	10.77	9.76	11.98	6.36	8.22	9.99	11.02
2020	14.76	7.63	6.77	11.43	10.51	12.64	7.03	8.97	10.68	11.79

7.1.2　居民可支配收入的预测

近些年来，中国居民可支配收入高度增长。2011年的中国居民可支配收入2257.68美元，是1992年的10倍多。但是收入不可能总是高度线性或指数增长，其增长应该是Logistic曲线最为合适。但是用Logistic模型拟合收入增长必须要知道极限L。假设以美国现在的收入作为中国的奋斗目标，本书估计美国现在的收入是中国的10倍多，即假定中国的目标是年可支配收入达到2.5万美金。在这种目标下来观察中国居民可支配收入的发展趋势，运用SAS软件得到Logistic模型分别为：

$$\overline{W}_n = \frac{25000}{1 + e^{(5.02807 - 0.12423t)}} \tag{7-6}$$

Analysis of Variance					
Source	DF	Sum of Squares	Mean Square	F Value	Pr > F
Model	1	10.26264	10.26264	631.55	< .0001
Error	18	0.29250	0.01625		
Corrected Total	19	10.55514			

Variable	DF	Parameter Estimate	Standard Error	t Value	Pr > |t|
Intercept	1	5.02807	0.05922	84.91	< 0.0001
t	1	−0.12423	0.00494	−25.13	< 0.0001

图 7-2　指数模型和 Logistic 模型的拟合情况

经检验，用这个 Logistic 对 1992～2011 年的居民可支配收入进行拟合，平均误差为 10.644%，基本上达到了要求（图 7-2）。其中 F 值为 631.55，其检验概率远小于 0.0001，R^2 为 0.9723，模型拟合优度高。

表 7-2　模型对 2012～2050 年中国居民可支配收入的拟合

年份	居民可支配收入/美元	年份	居民可支配收入/美元	年份	居民可支配收入/美元
2012	2 042.93	2025	7 727.93	2038	17 306.68
2013	2 288.43	2026	8 406.42	2039	17 952.06
2014	2 560.13	2027	9 113.05	2040	18 563.44
2015	2 860.04	2028	9 843.85	2041	19 139.1
2016	3 190.08	2029	10 594.16	2042	19 678.03
2017	3 552.09	2030	11 358.81	2043	20 179.89
2018	3 947.76	2031	12 132.17	2044	20 644.9
2019	4 378.49	2032	12 908.35	2045	21 073.77
2020	4 845.41	2033	13 681.4	2046	21 467.64
2021	5 349.2	2034	14 445.44	2047	21 827.94
2022	5 890.07	2035	15 194.86	2048	22 156.36
2023	6 467.63	2036	15 924.5	2049	22 454.74
2024	7 080.83	2037	16 629.75	2050	22 725.03

表 7-2 为 Logistic 模型对中国居民可支配收入 2012～2050 年间的预测。可以看出，到 2020 年，中国居民可支配收入将达到 4845.41 美元，是 2011 年的 2257.68 美元的 2 倍多，符合十八大提出的收入倍增计划；到 2050 年，中国居民可支配收入将达到 22 725.03 美元，与美国当前平均工资比较接近，符合中国经济发展计划。因此，利用 Logistic 模型预测中国居民可支配收入是合理的。

7.1.3　物价指数的预测

由于柑橘加工品价格模型将物价指数移到主成分的外面，单独作为变量显示在模型之中，所以除了需要预测 Z_{91t} 之外，还要预测物价指数的发展趋势。

物价指数变量的衡量指标一般选用消费者物价指数（CPI），同比 CPI 的变化具有一定的随机性，在模型中我们设定 CPI 为一随机变量。基于历年 CPI 的变化，本书假设 $CPI \sim U(0.98, 1.1)$。

运用 MATLAB 软件中的 a＝unifrnd（0.98，1.1，9，10）代码，计算机仿真 10 次，得到平均值就作为 2012～2020 年的物价指数的预测值（表 7-3）。

这里只是介绍预测出物价指数的原理。本书在编程计算时是随机产生 10 次数据再平均，因此每次预测时计算的最后数据并不完全一样，但得到的结果差距不大，是可以反映经济规律的。

表 7-3 2012～2020 年物价指数的计算机仿真数据

仿真 1	仿真 2	仿真 3	仿真 4	仿真 5	仿真 6	仿真 7	仿真 8	仿真 9	仿真 10	平均值
1.10	0.99	1.00	1.03	1.09	1.01	1.05	0.99	1.08	1.02	1.04
0.99	1.03	1.08	0.99	1.04	1.03	1.02	1.09	1.08	1.08	1.04
1.03	1.01	1.05	1.01	1.04	0.99	1.07	1.07	1.06	0.98	1.03
0.99	1.08	1.05	1.04	1.02	1.00	1.00	1.04	1.03	0.99	1.02
1.10	1.03	1.04	1.04	1.04	1.03	1.06	1.04	1.03	1.04	1.05
0.98	1.09	1.08	1.01	1.02	1.04	1.04	1.03	1.04	1.06	1.04
1.07	1.00	1.05	1.03	0.99	1.05	1.02	1.02	1.02	1.07	1.03
1.08	1.01	1.04	1.04	1.03	1.04	1.04	1.04	1.04	1.06	1.04
1.08	1.00	1.04	1.09	1.03	1.01	1.07	1.04	1.09	1.03	1.05

7.2　收入增长下柑橘消费量的估计

中国柑橘需求包括柑橘国内鲜果消费量、出口量以及加工消耗柑橘量。运用第 6 章已经建立的中国柑橘市场预警模型，运用 MATLAB 软件进行计算。

7.2.1　中国柑橘需求量 2012～2020 年的预测

这里需要说明的是，在模型计算时，都是假设所有外生变量都在按照自己的经济规律运行。如居民可支配收入在按年际更迭输入时，10 个主成分数据以及物价指数数据也会按年际更迭输入。

在运算过程中，如果想知道居民可支配收入这一个变量对柑橘国内鲜果消费的贡献，就将其他变量的数据停止在一年的数据上重复更迭，将得到的结果与前面进行对比，就可以知道居民可支配收入对于刺激柑橘国内鲜果消费的贡献了。

通过 10 次循环运算，得到柑橘国内鲜果消费量、出口量、加工消耗量的 2012～2020 年的数据，结果见表 7-4。

从表 7-4 结果可以总结出以下结论：

第一，到了 2020 年，当居民年可支配收入达到 4845.41 美元，即收入实现"十八大"提出的翻倍的情况下，中国柑橘需求量从 2011 年的 2843.4 万吨上升到 2020 年的 5119.94 万吨，需求量没有翻倍。柑橘加工量发展速度较慢，出口量没有实现翻番，这些都是需要国家相关部门重视。

第二，柑橘国内鲜果消费还是中国柑橘需求量的主体。随着中国经济的发展，这种主体地位有加强的趋势。这说明中国柑橘鲜果消费相对于柑橘加工更容易发展。2017~2018 年可能是柑橘产业的一个调整年，几项指标均在这两年表现低迷，例如柑橘国内鲜果消费增长率、总需求量的增长率等。

表 7-4　2011~2020 年柑橘需求量预测　　单位：万吨

年份	柑橘国内鲜果消费量	柑橘出口量	柑橘加工量	总需求量	比上一年增长/%
2011	2 625.687	95.242 0	122.470 8	2 843.40	
2012	2 807.494	99.082 0	101.594	3 008.17	5.79
2013	2 917.476	110.228 8	105.745 7	3 133.45	4.16
2014	3 176.556	113.399 0	109.134 8	3 399.09	8.48
2015	3 451.624	121.477 9	114.218 4	3 687.32	8.48
2016	3 746.598	125.466 2	119.725 7	3 991.79	8.26
2017	3 956.668	131.908 8	125.233	4 213.81	5.56
2018	3 986.256	139.578 6	132.265 4	4 258.10	1.05
2019	4 243.029	148.577 9	139.213	4 530.82	6.40
2020	4 470.635	155.327 3	145.567 6	4771.53	5.31

7.2.2　中国柑橘需求量的长期预测

中国柑橘产业发展到今天，取得了较大的成就；但有一个问题一直困扰着我们，那就是中国柑橘需求的最大容量是多少？柑橘产业还有多大的发展空间？

有个假定是：当主成分的预测值变化时，其变化幅度与其每个线性组合的变量的变化幅度一样，线性组合的系数不变。多个主成分都有某一个变量，这个变量的变化幅度就取几个主成分变化幅度的平均值。这样，当主成分变化时就可以计算出每一个变量的变化情况。

市场化水平、交通状况、柑橘劳动力投入量、柑橘生产总成本、农业财政支持、柑橘科技进步率、柑橘竞争力、柑橘替代品价格、世界经济水平、工业化水平、农民受教育程度固定在 2020 年的水平上不再变动。本书观点认为，2020 年这些指标基本上达到或接近于极限值了。

本书将柑橘种植面积极限值设定为 3000 千公顷，城乡差距极限值为 2，恩格尔系数定位为 20，城镇化进程极限定在 0.7，人民币对美元汇率极限值定在 1，中国贸易环境极限值为 0.5，人均 GDP 极限定在 30000 美元，这些变量需要研究其发展趋势，运用 Logistic 模型进行拟合。其方法与居民可支配收入的拟合方法一样。

物价指数、边际消费倾向、受灾情况采取计算机仿真进行模拟。WTO取 1。

在这里只阐述柑橘种植面积的拟合与预测。

与估计居民可支配收入一样，运用 SAS 软件得到中国柑橘种植面积的Logistic 模型分别为：

$$\overline{W_n} = \frac{3000}{1 + e^{(0.86054 - 0.08956t)}} \tag{7-7}$$

经检验，用这个 Logistic 对 1992 ~ 2011 年的中国柑橘种植面积进行拟合，平均误差为 7.27785%，基本上达到了要求。其中 F 值为 174.13，其检验概率远小于 0.0001，R^2 为 0.9063，模型拟合优度较高。

2011 年中国柑橘总产量接近 3000 万吨；但中国官方并没有公布柑橘需求量的数据，中国柑橘真正的需求量还是个未知数。柑橘消费的渠道比较多，超市、水果摊、流动叫卖、批发市场、产销直接对接等，形式多样。消费者有家庭购买、在外就餐消费、单位派发、橘农自产自用等。本书虽然依照美国农业部的数据估计出了柑橘国内消费量和加工消耗柑橘的数量，但这个数据把中国的需求量夸大了。不少专家学者在实际调研中发现，柑橘的浪费量比较严重，浪费比例可能达到产量的 10%。由于这只是个经验判断，无法转化为科学的数据，因此本书没有采纳。

言下之意，事实上的供需失衡的情况更为严重。一些柑橘产区采摘期过于集中，采摘人力紧缺，延缓了柑橘的储存和运输，致使柑橘浪费；并且销售期也过于集中，销售困难。因此，本书参考美国标准计算出来的需求量占供给量的比例还是偏高的。

尽管这样，本书就在这种需求量高位的起点下对柑橘需求容量的评估是可以借鉴的。因为高位的起点预测出来的结果也是高位的。

Analysis of Variance					
Source	DF	Sum of Squares	Mean Square	F Value	Pr > F
Model	1	5.33369	5.33369	174.13	< 0.0001
Error	18	0.55136	0.03063		
Corrected Total	19	5.88505			
		Parameter Estimates	R-Square	0.9063	
			Adj R-Sq	0.9011	
Variable	DF	Parameter Estimate	Standard Error	t Value	Pr > |t|
Intercept	1	0.86054	0.08130	10.58	< 0.0001
t	1	−0.08956	0.00679	−13.20	< 0.0001

图 7-3　中国柑橘种植面积的 Logistic 模型的拟合情况

表 7-5　2012~2050 年中国柑橘种植面积预测　　　　单位：千公顷

年份	中国柑橘种植面积	年份	中国柑橘种植面积	年份	中国柑橘种植面积
2012	2 205. 05	2025	2 696. 55	2038	2 898. 19
2013	2 256. 26	2026	2 720. 12	2039	2 906. 64
2014	2 305. 22	2027	2 742. 03	2040	2 914. 41
2015	2 351. 88	2028	2 762. 38	2041	2 921. 55
2016	2 396. 23	2029	2 781. 25	2042	2 928. 11
2017	2 438. 27	2030	2 798. 73	2043	2 934. 14
2018	2 478. 02	2031	2 814. 91	2044	2 939. 67
2019	2 515. 51	2032	2 829. 87	2045	2 944. 74
2020	2 550. 80	2033	2 843. 68	2046	2 949. 39
2021	2 583. 95	2034	2 856. 43	2047	2 953. 66
2022	2 615. 01	2035	2 868. 19	2048	2 957. 57
2023	2 644. 08	2036	2 879. 03	2049	2 961. 16
2024	2 671. 23	2037	2 889. 01	2050	2 964. 45

　　居民收入的提高和国家宏观经济的快速发展，柑橘需求量将会上升是个不争的事实。目前中国居民可支配收入还比较低，柑橘消费还有较大上升空间。

　　基于上述思想，主要是在柑橘种植面积和居民可支配收入的驱动下，运用中国柑橘市场预警模型得到了中国柑橘需求量的长期预测值，即需求容量大约是 6000 万吨。

表 7-6　中国柑橘需求量的长期预测

年份	居民可支配收入/美元	中国柑橘需求/万吨	年份	居民可支配收入/美元	中国柑橘需求/万吨
2021	5 349.2	4 760.21	2036	15 924.5	5 506.31
2022	5 890.07	4 871.02	2037	16 629.75	5 877.15
2023	6 467.63	5 216.28	2038	17 306.68	5 875.75
2024	7 080.83	5 359.29	2039	17 952.06	5 802.38
2025	7 727.93	5 292.02	2040	18 563.44	6 146.20
2026	8 406.42	5 506.31	2041	19 139.1	4 760.21
2027	9 113.05	5 877.15	2042	19 678.03	4 871.02
2028	9 843.85	5 875.75	2043	20 179.89	5 216.28
2029	10 594.16	5 802.38	2044	20 644.9	5 359.29
2030	11 358.81	6 146.20	2045	21 073.77	5 292.02
2031	12 132.17	4 760.21	2046	21 467.64	5 506.31
2032	12 908.35	4 871.02	2047	21 827.94	5 877.15
2033	13 681.4	5 216.28	2048	22 156.36	5 875.75
2034	14 445.44	5 359.29	2049	22 454.74	5 802.38
2035	15 194.86	5 292.02	2050	22 725.03	6 146.20

7.3　控制种植面积下的中国柑橘供需平衡的研究

　　中国柑橘产业虽然取得了长足的进步，但也面临着一些问题。那就是不少柑橘产区的农民将种植粮食的土地建设成柑橘园。国家柑橘产业技术研发中心产业经济研究室成员自 2007 年开始一直跟踪调查江西赣州、湖北宜昌、重庆万县、广东梅州等地的柑橘种植情况。据调查发现，一些柑橘产区，除了种植少量蔬菜，几乎看不到其他的农作物了，特别是在脐橙产区，几乎见不到水稻田。

　　造成这种局面的原因很简单，那就是柑橘的成本利润率高。种一亩柑橘，每年能够带来 3000～7000 元的收入，种水稻每亩最多 800 元，种棉花每亩大致 2000 元。柑橘种植不仅收益大，投入的劳动时间也较种植其他农作物少。

　　现在的问题是，中国柑橘种植面积不断增加，产量增长迅速，已经出现了供大于求的局面；导致的直接后果是价格不稳定，销售困难。

　　中国柑橘的种植面积到底维持在什么范围比较合适？中国柑橘的需求能力

到底能不能容纳如此的增速？

7.3.1 中国柑橘供给量的估计（2012～2020 年）

继续用预测柑橘需求量类似的方法。当中国柑橘预警系统里 10 个主成分指标以及居民可支配收入按照先前规律变动，物价指数在 [0.98，1.1] 均匀随机变动时，中国柑橘供给量、进口量就会随之变动。表 7-7 就是系统预测的数据。柑橘产量的预测数据就是将柑橘供给量减去柑橘进口量得到的。

表 7-7 2011～2020 年柑橘供给量预测　　　　单位：万吨

年份	柑橘供给量	柑橘进口量	柑橘产量	柑橘需求量	柑橘供需缺口	缺口占供应量的比例
2011	2 957.174	11.928 96	2 944	2 843.4	113.77	0.04
2012	3 122.323	12.311 69	2 945.245	3 008.17	114.15	0.04
2013	3 485.613	12.837 94	3 073.269	3 133.45	352.16	0.10
2014	3 848.903	13.220 66	3 192.34	3 399.09	449.81	0.12
2015	4 091.096	13.730 97	3 381.448	3 687.32	403.78	0.10
2016	4 405.947	14.321 01	3 601.334	3 991.79	414.16	0.09
2017	4 817.675	14.799 42	3 896.123	4 213.81	603.87	0.13
2018	5 059.868	15.293 77	4 162.081	4 258.1	801.77	0.16
2019	5 423.157	15.851 92	4 442.022	4 530.82	892.34	0.16
2020	5 544.254	11.928 96	4 710.08	4 771.53	772.72	0.14

从表 7-7 的结果中不难看出，如果柑橘产业不控制种植面积，任其自由发展，那么柑橘供大于求的局面将越来越严重。到了 2020 年将有供给量的 14%即约 776.1956 万吨柑橘卖不出去，这将造成大量经济投资浪费，会造成重大的财产损失。

7.3.2 控制面积下的中国柑橘供给量的长期预测

要想解决未来一段时期中国柑橘供需失衡的问题，控制柑橘种植面积是个最为现实的问题。柑橘本适合在山坡上栽种，但现在在柑橘产区许多低洼田地也种上了柑橘，柑橘与粮食作物存在着争地的矛盾。

本书收集了 1992～2011 年柑橘主要产区江西、湖北、四川（含重庆）、湖南、广西、广东、福建、浙江等省份的棉花、稻谷、蔬菜和柑橘的种植面积数据，将其求和整理在表7-8中。

表7-8　柑橘主产区主要农作物种植面积　　　单位：千公顷

年份	棉花	稻谷	蔬菜	柑橘	年份	棉花	稻谷	蔬菜	柑橘
1992	6 835	32 090	7 031	1 087	2002	4 184	28 202	17 353	1 405
1993	4 985	30 355	8 084	1 126	2003	5 111	26 508	17 954	1 506
1994	5 528	30 171	8 921	1 124	2004	5 693	28 379	17 560	1 627
1995	5 422	30 744	9 515	1 214	2005	5 062	28 847	17 721	1 717
1996	4 722	31 406	10 491	1 280	2006	5 816	28 938	16 639	1 815
1997	4 491	31 765	11 288	1 309	2007	5 926	28 919	17 329	1 941
1998	4 459	31 214	12 293	1 270	2008	5 754	29 241	17 876	2 031
1999	3 726	31 283	13 347	1 283	2009	4 952	29 627	18 414	2 160
2000	4 041	29 962	15 237	1 272	2010	4 849	29 873	19 000	2 211
2001	4 810	28 812	16 403	1 324	2011	5 038	30 057	19 639	2 288

数据来源：《中国农村统计年鉴》（1993～2012）

对棉花、稻谷、蔬菜和柑橘种植面积之间的影响关系进行斯皮尔曼相关系数分析，得到的结果见表7-9。

表7-9　柑橘对其他3种农作物的斯皮尔曼检验结果

变量	r_{SP}	P
棉花与柑橘	0.184 7	0.463 1
稻谷与柑橘	−0.618 2 **	0.006 3
蔬菜与柑橘	0.950 1 **	<0.000 1

** 表明在0.01水平下差异显著

表7-9的结果显示，柑橘与稻谷、柑橘与蔬菜的斯皮尔曼相关系数的概率检验值均小于0.05，意味着它们之间种植面积存在着某种关联性。特别是柑橘与稻谷的相关系数为负值，说明两者是反向驱动的，即柑橘种植面积增加，直接的结果是粮食面积在下降。

粮食是国民经济的命脉。在柑橘供给量已经大于需求量的今天，再继续毁良田种植柑橘对整个国家将是个损失。因此，国家应该出台规章制度限制粮食作物种植面积的减少。

中国柑橘的产量目前主要是靠种植面积贡献的（汪晓银和祁春节，2008）。但随着科学技术的进步，科学技术在柑橘产量中的贡献将日益增大。中国目前柑橘的单产水平比较低，大约是每公顷13吨。参照其他农作物单产的发展趋势，中国柑橘平均亩产可以接近或达到每公顷 20 吨，因此中国柑橘单产还有较大的上升空间。

如果中国柑橘最大需求容量大约是 6000 万吨，那么中国最多需要 3000 千公顷的种植面积；而且这些种植面积不能一蹴而就，因为柑橘需求量的增加也不是一蹴而就的。

如果按照前面所论述的那样，柑橘种植面积按照 Logistic 回归模型的趋势增加，柑橘预警系统就会计算得到 2021～2050 年的中国柑橘产量，结果见表 7-10。

表 7-10　2021～2050 年中国柑橘产量预测　　　　　单位：万吨

年份	中国柑橘产量	需要的进口量	年份	中国柑橘产量	需要的进口量
2021	4 010.135	750.07	2036	5 286.936	219.37
2022	4 128.055	742.97	2037	5 338.197	538.95
2023	4 241.289	974.99	2038	5 386.054	489.70
2024	4 349.751	1 009.54	2039	5 430.737	371.64
2025	4 453.352	838.67	2040	5 472.388	673.81
2026	4 552.066	954.24	2041	5 511.212	−751.00
2027	4 645.904	1 231.25	2042	5 547.334	−676.31
2028	4 734.94	1 140.81	2043	5 580.94	−364.66
2029	4 819.211	983.17	2044	5 612.183	−252.89
2030	4 898.841	1 247.36	2045	5 641.18	−349.16
2031	4 973.974	−213.76	2046	5 668.108	−161.80
2032	5 044.696	−173.68	2047	5 693.091	184.06
2033	5 111.174	105.11	2048	5 716.243	159.51
2034	5 173.595	185.70	2049	5 737.721	64.66
2035	5 232.124	59.90	2050	5 757.644	388.56

按照表 7-10 显示的结果，可以得到以下结论：

第一，如果中国缓慢增加柑橘种植面积，中国将会在 3000 千公顷的土地上完成对中国柑橘需求量的供给，而且是供小于求。这样中国柑橘销售难的问题将会得到基本解决。

第二，中国供给不足的部分完全可以依赖进口，每年进口量大约是 500 万吨。这样中国可以依靠东南亚国家，进口在中国国内产值效益不高或者占用较多土地资源的品种。这样既可以拉近和东南亚的关系，维护东盟和中国的政治经济稳定，也可以节省土地，利用这些土地去做更有价值的事情。

需要说明的是，表7-10的供需缺口也出现了供大于求的情况。可能的原因是本书的中国柑橘预警系统里运用了计算机仿真的程序，如物价指数的计算机仿真预测。但出现供大于求的局面也属正常，市场千变万化，人们对柑橘的需求也要受到收入以外的很多因素的影响。柑橘的需求量也有边际收入递减规律；而且表中的数据还显示即使柑橘出现供大于求的局面，多余的柑橘一般也就是100多万吨，对于中国这么大的消费市场，这还是在可控范围之内的。

7.4　城镇化对中国柑橘供给量的影响研究

中国共产党第十八次全国代表大会提出，中国在今后要加快城镇化的进程，中国的改革要进入深水区。中国是个传统的农业大国，工业相当落后。在经过50多年的农产品的"剪刀差"之后，工业得到快速发展。2003年国家全面取消农业税后，标志着工业反哺农业的新时代的到来。

工业的发展吸引着大量的农民涌入城市。中国的青年一代羡慕城市生活，不愿意回农村居住，不愿也不会农业生产。中国加快城镇化进程，向着工业化国家前进的步伐已经是不可阻挡。

城镇化进程的加快对于农产品的消费特别是水果的消费能起到推动作用（陶建平等，2004）。很多的专家学者研究了城镇化与消费的关系，肯定了城镇化对于刺激消费的作用。而本书的一个假设观点是，城镇化对于供给的推动作用也是不容忽视的，即使是通过刺激消费间接的推动供给的增长，那这个问题也是值得研究的。在这里将运用中国柑橘市场预警模型来研究城镇化对于柑橘供给的推动作用。

7.4.1　显示城镇化进程变量的 CCEWM 的理论构建

城镇化进程在柑橘市场预警模型中是将其作为制约变量放入主成分之中。如果要单独考虑城镇化对核心变量的影响，就将其从主成分中释放出来单独作为一个变量放入模型中。从表5-10的中国柑橘市场预警模型变量关系可知，城镇化进程分属于柑橘供给量模型、柑橘国内鲜果消费量模型以及柑橘进口量模型中。将这三个模型进行改造，再按照6.2节的方法对模型进行修正。

三个理论模型修改如下：

中国柑橘供给量模型（城镇化）

$$\ln GQ_t = \beta_{10} + \beta_{11}\ln GQ_{t-1} + \beta_{12}\ln SP_{t-1} + \beta_{13}\ln SP_t + \sum_i \beta_{14i}Z_{1i,\ t}^* + \beta_{15}\ln CZ_t + V_{1t}$$

$$(7\text{-}8)$$

式中，$\sum_i \beta_{14i}Z_{1i,\ t}^*$ 是多个主成分的线性组合。至于留几个主成分需要进行相关性检验。

中国柑橘国内鲜果消费量（城镇化）

$$\ln CQ_t = \beta_{20} + \beta_{21}\ln CQ_{t-1} + \beta_{22}\ln CQ_{t-2} + \beta_{23}\ln SP_t + \beta_{24}\ln SP_{t-1}$$
$$+ \beta_{25}\ln I_t + \sum_i \beta_{26i}Z_{2i,\ t}^* + \sum_i \beta_{27i}Z_{2i,\ t-1}^* + \beta_{28}\ln CZ_t + \beta_{29}\ln CZ_{t-1} + V_{2t}$$

$$(7\text{-}9)$$

式中，$\sum_i \beta_{26i}Z_{2i,\ t}^*$、$\sum_i \beta_{27i}Z_{2i,\ t-1}^*$ 分别是若干个主成分和主成分滞后一期的线性组合。留几个主成分需要进行相关性检验，主成分的滞后期需要做 Granger 因果检验。

中国柑橘进口量模型（城镇化）

$$\ln IQ_t = \beta_{30} + \beta_{31}\ln IP_{3t} + \beta_{32}\ln IQ_{t-1} + \sum_i \beta_{33i}Z_{3i,\ t}^* + \beta_{34}\ln CQ_t + V_{3t}$$

$$(7\text{-}10)$$

式中，$\sum_i \beta_{33i}Z_{3i,\ t}^*$ 是多个主成分的线性组合。同样，留几个主成分需要进行相关性检验。

7.4.2 显示城镇化进程变量的 CCEWM 的改造

供给量模型中用作主成分分析的变量有柑橘种植面积、市场化水平、交通状况、科技进步率、居民可支配收入、柑橘替代品价格、柑橘生产总成本、人民币汇率、世界经济水平、中国贸易环境、农民受教育程度 11 个变量。

柑橘国内鲜果消费量模型用作主成分分析的变量有市场化水平、交通状况、恩格尔系数、柑橘产量、世界经济水平、物价指数、边际消费倾向、替代品价格 8 个变量。

柑橘进口量模型用作主成分分析的变量有人民币兑美元汇率、是否加入 WTO、中国贸易环境、人均 GDP、柑橘替代品价格、居民可支配收入、中国柑橘产量 7 个变量。

运用 SAS 软件，计算得到三个模型新的主成分分析结果，综合在表 7-11。

表 7-11　柑橘进口量影响因素主成分得分

累计贡献率	供给量		国内鲜果消费量		进口量	
	0.926 2		0.795 9		0.941 8	
相关系数	0.989 47**	0.076 69	0.992 48	-0.088 72	0.935 34	0.099 25
	<0.000 1	0.747 9	<0.000 1	0.709 9	<0.000 1	0.677 2
年份	第一主成分	第二主成分	第一主成分	第二主成分	第一主成分	第二主成分
1992	-3.246 22	-4.025 67	-2.796 14	0.672 55	-2.009 73	-3.988 99
1993	-2.628 68	-3.386 55	-2.660 93	1.202 90	-1.626 33	-3.412 32
1994	-3.276 26	0.716 34	-3.130 39	1.099 37	-2.635 11	0.580 84
1995	-2.764 24	0.449 43	-2.511 32	2.190 82	-2.125 03	0.429 95
1996	-2.269 32	0.500 87	-2.132 19	0.305 62	-1.873 30	0.445 61
1997	-1.922 16	0.596 95	-1.477 79	0.416 55	-1.541 14	0.496 85
1998	-2.310 38	0.544 11	-1.744 73	-2.482 21	-1.733 12	0.473 42
1999	-1.433 22	0.861 02	-0.930 78	-0.692 04	-1.485 51	0.582 75
2000	-1.855 62	0.675 10	-0.994 96	-1.934 86	-1.523 88	0.517 22
2001	-1.108 59	0.956 73	-0.529 89	-1.287 34	-1.217 66	0.661 57
2002	-0.934 99	0.818 12	0.047 68	0.290 75	-0.245 25	1.016 14
2003	-0.349 81	0.889 04	0.271 44	-1.173 69	0.034 59	1.079 78
2004	0.315 28	1.007 87	0.570 74	-0.544 40	0.359 89	1.146 50
2005	1.120 23	1.117 13	1.000 72	-0.468 77	0.727 64	1.079 30
2006	1.656 84	0.801 61	1.681 44	-0.023 23	1.139 28	0.890 39
2007	2.794 31	0.548 75	2.079 59	-0.136 87	1.833 73	0.497 24
2008	3.589 04	-0.493 62	2.519 62	0.225 71	2.757 79	-0.363 84
2009	4.284 85	-0.695 04	3.114 43	0.727 33	3.372 16	-0.570 08
2010	4.602 00	-0.793 33	3.590 63	0.488 64	3.559 18	-0.569 82
2011	5.736 93	-1.088 86	4.032 84	1.123 16	4.231 80	-0.992 51

　　表 7-11 显示了每个模型的主成分的累积贡献率以及与被解释变量之间的相关系数。最终确认，三个模型中都只是第一主成分进入模型。

　　将主成分和城镇化指标和柑橘国内鲜果消费量进行滞后一期 Granger 因果检验后发现，第一主成分和城镇化的滞后一期对柑橘国内鲜果消费量有滞后一期的影响。

表 7-12　国内鲜果消费量与影响变量的滞后一期 Granger 因果检验

原假设	F 统计量	P 值	结论
Z_{21}^{*}（−1）不是导致 $\ln CQ$ 的原因	5.498 35 *	0.032 26	Z_{21}^{*}（−1）是导致 $\ln CQ$ 的原因
$\ln CQ$（−1）不是导致 Z_{21}^{*} 的原因	0.369 28	0.551 92	
$\ln CZ$（−1）不是导致 $\ln CQ$ 的原因	14.200 3 **	0.001 68	$\ln CZ$（−1）是导致 $\ln CQ$ 的原因
$\ln CQ1$ 不是导致 $\ln CZ$ 的原因	2.324 08	0.146 91	

* 表示通过显著性水平 5% 的检验；** 表示通过显著性水平 1% 的检验

因此，这三个模型可以调整为：

中国柑橘供给量模型（城镇化）

$$\ln GQ_t = \beta_{10} + \beta_{11}\ln GQ_{t-1} + \beta_{12}\ln SP_{t-1} + \beta_{13}\ln SP_t + \beta_{14}Z_{14t}^{*} + \beta_{15}\ln CZ_t + V_{1t}$$

$$(7\text{-}11)$$

中国柑橘国内效果消费量（城镇化）

$$\ln CQ_t = \beta_{20} + \beta_{21}\ln CQ_{t-1} + \beta_{22}\ln CQ_{t-2} + \beta_{23}\ln SP_t + \beta_{24}\ln SP_{t-1}$$
$$+ \beta_{25}\ln I_t + \beta_{26}Z_{21,t}^{*} + \beta_{27}Z_{21,t-1}^{*} + \beta_{28}\ln CZ_t + \beta_{29}\ln CZ_{t-1} + V_{2t} \quad (7\text{-}12)$$

中国柑橘进口量模型（城镇化）

$$\ln IQ_t = \beta_{30} + \beta_{31}\ln IP_{3t} + \beta_{32}\ln IQ_{t-1} + \beta_{33}Z_{31t}^{*} + \beta_{34}\ln CQ_t + V_{3t} \quad (7\text{-}13)$$

7.4.3　显示城镇化进程变量的 CCEWM 的拟合与分析

将这三个改造的模型替换中国柑橘市场预警模型中对应的三个，替换原先对应的数据，重新拟合模型。

表 7-13 是中国柑橘市场预警模型重新拟合后的中国柑橘供给量模型的参数估计与检验。

表 7-13　中国柑橘供给量模型参数估计与检验（城镇化）

变量	系数	标准误	t 值	P 值
常数	3.801 660 ***	1.371 832	2.771 228	0.015 9
$\ln GQ_{t-1}$	0.041 774	0.179 239	0.233 065	0.549 3
$\ln SP_{t-1}$	0.036 939 **	0.078 243	2.472 108	0.032 1
$\ln SP_t$	−0.083 888 *	0.067 901	−1.935 443	0.738 5
Z_{1t}	0.102 485 ***	0.027 024	3.792 424	0.002 2
$\ln CZ$	0.911 531 **	0.335 772	2.714 732	0.017 7
其他检验	$R^2 = 0.985\ 4$	$\overline{R^2} = 0.979\ 6$	$D.W. = 2.002$	

*，**，*** 分别表示模型回归系数在 0.10，0.05，0.01 水平下显著

表7-13 蕴含了下列经济含义：

第一，除城镇化进程变量外，其余变量的回归系数较模型（6-4）拟合的回归系数相比有所变化。从数学的角度讲，造成这种变化的主要原因还是多重共线。主成分、城镇化进程、柑橘销售价格以及柑橘供给量的滞后一期之间存在着比较严重的多重共线性。城镇化进程这个变量放在主成分里，那它造成模型多重共线的"责任"就较小，但他一旦从主成分移出来单独放在模型中，整个模型的多重共线性就会有所严重，变量的回归系数变化是可以预见的。

第二，模型的复相关系数为 0.9854，表明柑橘供给量模型的拟合优度较高；而且模型的拟合精度较高，达到 95.95%。图 7-4 是模型的拟合曲线图，可以看出，柑橘供给量模型拟合效果很不错。

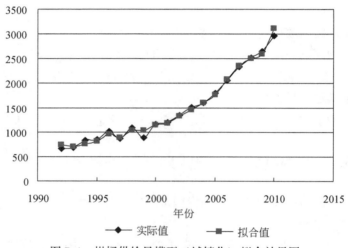

图 7-4　柑橘供给量模型（城镇化）拟合效果图

第三，柑橘供应的滞后一期的回归系数没有通过 t 检验，这个与模型（6-2）拟合的情况类似，表明中国柑橘上一年的供给量对当年的柑橘供给量没有明显的对数线性关系。市场经济下的中国柑橘供给量是受到市场经济因素的影响，不可能像计划经济时代那样由上一年供应的情况配发下一年的供应任务。柑橘不像水稻蔬菜，一年种一年收。国家根本不可能向柑橘产区下达供应任务，柑橘产区更不可能依据上年柑橘供给量调整下一年的供应。

第四，柑橘销售价格和销售价格的滞后一期在模型中回归系数通过了检验。回归系数的正负性的解释与原先一样，表明上年的柑橘销售价格对当年的柑橘供给量影响较大。而当年的柑橘销售价格却与供应呈反方向，表明柑橘市场存在明显的"蛛网模型"的规律。主成分对柑橘供给量有正的影响。这个也与以前的解释一样。

第四，城镇化进程变量移出主成分之后，剩下的变量重新组合的主成分对柑橘供给量依然有很强的正相关性。这与模型（6-4）类似，表明柑橘种植面积、市场化水平、交通状况、科技进步率、居民可支配收入、柑橘替代品价格、柑橘生产总成本、人民币汇率、世界经济水平、中国贸易环境、农民受教育程度是柑橘供给量的积极影响因素。

第五，城镇化进程的回归参数的 t 检验 P 值为 0.017 7，小于 0.05，而且回归系数为 0.911 531，大于 0，表明城镇化进程对柑橘供给量有正向的影响。城镇化进程的加快，有助于人口集中，有利于发展第二产业和第三产业以及信息业。城镇居民的工作、教育、医疗卫生、娱乐保健、交通能吸引到大量的投资；住房、商铺、写字楼等基础设施的建设带动了经济的发展和居民可支配收入的提高，从而带动消费，刺激了包括柑橘在内的农产品的供应能力。

7.5 人民币汇率变动对中国柑橘出口的影响研究

近年来，中国柑橘出口量呈现出快速增长的态势。柑橘类水果出口量从1992 年的 6.14 万吨上升到 2011 年的 90.16 万吨，平均年增长率达到 15.19%。中国柑橘水果出口量的急增，一方面得益于中国柑橘对外贸易环境、世界经济水平；另一方面也得益于中国柑橘供给能力的日趋增强。数据显示，2011 年中国柑橘种植面积达到 2288.3 千公顷，产量达到 2944.04 万吨，分别是 1992年的 2.1 倍和 5.7 倍，均居世界第一位。

但是，近几年来人民币不断升值给快速发展的柑橘出口贸易带来了不小的压力（Xiaoyin Wang and Chunjie Qi，2011）。人民币兑美元汇率已经由 2003 年的 8.277$ /RMB 下降到 2011 年的 6.4588$ /RMB。由于中国在对外贸易中主要是以美元进行结算，这样实际上就减少了柑橘出口的利润空间。但是仅仅从数据来看，2003 年以来，中国柑橘出口量还是保持了高速的增长态势，似乎人民币的升值对柑橘出口没有影响。

Schuh（1974）最早提出汇率对农业而言是一个被忽略的显著变量。之后，大量研究（Konandreas et al.，1983；Maskus，1986；Pick，1990）定量分析名义汇率和实际汇率对农业贸易的影响。这些研究虽然采用了不同的实证研究方法，汇率变量选择也存在差异，但几乎一致地证实了汇率对农业贸易的显著负效应。一方面，汇率升值的负效应往往超过来自收入增长带来的正效应；另一方面，相比非农产业而言，这种负效应更加显著。

但是国内外学者的研究基本是停留在汇率变动对农产品影响的效应的正负

上，并没有给出这种效应的大小。本书将运用建立的柑橘市场预警模型，研究人民币汇率变动对柑橘出口影响效应的正负与大小。这对于在当前经济形势下了解人民币汇率变动对柑橘出口影响限度，制定正确的柑橘对外贸易政策具有重要意义。

7.5.1　显示人民币汇率的 CCEWM 的构建

中国柑橘市场预警模型中有 5 个子模型涉及人民币汇率这个指标，分别是供给量模型、出口量模型、进口量模型、出口价格模型和进口价格模型。模型的改造方法与显示城镇化进程的中国柑橘市场预警模型一样，这里只阐述出口量模型的改造过程。

将人民币汇率单独作为一个变量放入模型中，得到柑橘出口量模型：

$$\ln EQ_t = \beta_{40} + \beta_{41}\ln EP_t + \beta_{42}\ln EQ_{t-1} + \sum_i \beta_{43i}Z_{4it}^* + \beta_{44}\ln SP_t + \beta_{45}\ln R_t + V_{3t}$$

$$(7\text{-}14)$$

式中，β_{43i} 为 Z_{4it}^* 的回归系数，Z_{4it}^* 为没有人民币汇率的主成分，β_{45} 为人民币汇率 $\ln R_t$ 的回归系数，V_{4t} 是随机误差，$V_{4t} \sim N(0, \sigma^2)$。

将柑橘科技进步率、柑橘生产成本、柑橘种植面积、中国柑橘产量、是否加入 WTO、人均 GDP、市场化水平、交通状况、世界经济水平、中国贸易环境 10 个变量进行主成分分析，得到主成分分析的特征值与贡献率，见表 7-14。

表 7-14　柑橘出口量影响因素主成分的特征值与贡献率

编号	特征值	特征值的差	贡献率	累积贡献率
1	8.886 609 61	8.359 868 78	0.888 7	0.888 7
2	0.526 740 83	0.123 044 41	0.052 7	0.941 3

表 7-14 的结果显示，第一、第二主成分累计解释方差的比率已经超过了94%，故可选取前 2 个主成分代替这 10 个影响因素指标，其贡献率分别为88.87%、5.27%。

这 2 个主成分特征值对应的特征向量为：

A1 = (0.241738, 0.328502, 0.334136, 0.3302, 0.287257,
　　　0.33204, 0.332147, 0.329757, 0.332615, 0.300847)

A2 = (0.952629, −0.143483, −0.040183, 0.050703, −0.119884,
　　　−0.074769, −0.115849, −0.105384, −0.026496, −0.150113)

结合主成分的特征向量可以发现，第一主成分主要与柑橘生产成本、柑橘种植面积、中国柑橘产量、是否加入 WTO、人均 GDP、市场化水平、交通状况、世界经济水平、中国贸易环境密切相关，表示的是整个市场经济的综合特征；第二主成分主要与科技进步贡献率有密切的关系。

同时也得到了 2 个主成分在各个年份的主成分得分，结果见表 7-15。

表 7-15　柑橘出口量影响因素主成分得分

年份	第一主成分	第二主成分	年份	第一主成分	第二主成分
1992	-3.907 92	-0.791 83	2002	-0.655 87	-0.688 19
1993	-3.114 61	0.438 53	2003	0.030 18	-0.643 39
1994	-3.133 40	0.885 60	2004	0.744 95	-0.198 24
1995	-2.611 94	0.015 35	2005	1.421 32	0.835 22
1996	-2.316 22	-0.459 24	2006	1.944 49	-0.087 28
1997	-1.988 88	0.097 48	2007	3.044 53	1.234 01
1998	-2.567 96	-0.946 81	2008	3.766 67	0.029 21
1999	-1.638 94	1.224 25	2009	4.398 53	0.207 83
2000	-2.236 12	-0.829 37	2010	4.708 09	-0.443 29
2001	-1.365 08	0.981 53	2011	5.478 18	-0.861 37

将柑橘出口量对前 2 个主成分进行相关性检验，得到与第一个主成分的相关系数为 0.96391，其检验 P 值远小于 0.0001；与第二主成分的相关系数为 0.010523，其检验 P 值为 0.9649，远大于 0.05，说明柑橘出口量与第二主成分没有明显的关联性。因此，中国柑橘出口量模型可以调整为：

$$\ln EQ_t = \beta_{40} + \beta_{41}\ln EP_t + \beta_{42}\ln EQ_{t-1} + \beta_{43}Z_{41t}^* + \beta_{44}\ln SP_t + \beta_{45}\ln R_t + V_{3t}$$

$$(7\text{-}15)$$

由于模型（7-15）中解释变量没有滞后项，不需要做 Granger 因果检验，模型无需再作进一步修正。

7.5.2　显示人民币汇率的 CCEWM 的拟合与分析

对模型（7-15）进行拟合，得到显示人民币汇率的中国柑橘市场预警模型的参数估计与检验，见表 7-16。

表 7-16　中国柑橘出口量模型的参数估计和检验

变量	系数	标准误	t 值	P 值
常数	8. 488 609 ***	2. 229 031	3. 808 206	0. 002 2
$\ln EP_t$	0. 124 795	0. 150 088	0. 831 480	0. 420 7
$\ln EQ_{t-1}$	0. 267 454 **	0. 152 012	2. 187 429	0. 042 0
Z_{41t}	0. 208 462 ***	0. 046 400	4. 492 697	0. 000 6
$\ln R_t$	0. 682 453 *	0. 455 669	1. 497 693	0. 098 1
$\ln SP_t$	−0. 012 44 **	0. 0 321 456	2. 21 456	0. 041 2
其他检验	R^2 = 0. 976 07	$\overline{R^2}$ = 0. 966 87	$D. W.$ = 2. 254 9	

*, **, *** 分别表示模型回归系数在 0. 10, 0. 05, 0. 01 水平下显著

模型的拟合结果可以得到以下信息：

第一，模型的拟合达到了统计上的要求。复相关系数 R^2 达到了 0. 97607，说明模型的拟合优度很高，模型能够代表数据之间的经济信息联系。计算柑橘出口量的拟合值并与实际值进行误差对比，发现平均精度达到 86. 32%，基本上达到了要求。图 7-5 就是柑橘出口量的拟合效果图。

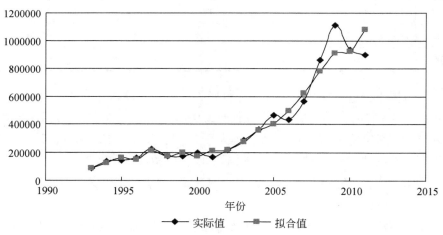

图 7-5　柑橘出口量模型（人民币汇率）拟合效果图

第二，柑橘出口价格的回归系数的 t 检验 P 值为 0. 4207，大于 0. 05，与第 6 章拟合的模型一样，说明柑橘出口价格对柑橘出口量没有足够的影响。这就说明中国柑橘出口近几年在价格上处于被动。内部的竞争和外部的商业谈判使得柑橘出口经常出现出口量增加，但出口额并没有同步增加，出口价格并不稳定。

第三，柑橘出口量的滞后期的回归系数的 t 检验 P 值为 0. 0420，通过了检

验，说明柑橘出口量的滞后期对柑橘出口量有着明显的影响。这可能是与中国柑橘出口信誉比较好，有着稳定的出口管道有关。也同时说明中国出口商是靠着以前的出口量信息、凭着经验组织柑橘出口的货源，缺乏对整个出口形势的判断，这也是导致出口价格得不到保障的重要原因。

第四，柑橘国内销售价格的回归系数的 t 检验 P 值为 0.0412，小于 0.05，说明柑橘销售价格对柑橘出口有足够的影响。原因很简单，中国的出口商们先在国内收购柑橘产品再销往国外，一旦国内柑橘销售价格有所变化（提高或降低），在考虑利润空间的前提下调整（减少或增加）出口量是理所当然的事情。

第五，第一主成分的回归系数的检验 P 值为 0.0006，说明柑橘生产成本、柑橘种植面积、中国柑橘产量、是否加入 WTO、人均 GDP、市场化水平、交通状况、世界经济水平的综合因素对柑橘出口有积极正面的影响。

第六，人民币汇率的回归系数的检验 P 值为 0.0981，小于 0.10，说明人民币汇率对柑橘出口有影响。回归系数大于 0，说明人民币兑美元汇率每下降 1%，柑橘出口量平均将减少 0.682453%。2003 年以来人民币汇率不断升值，对中国柑橘出口造成了极大的压力。在这种情况下只能通过其他因素的合理变动才能消除汇率升值带来的不利影响。

7.6 本章小结

通过本章的研究，检验了中国柑橘市场预警模型的适用性，得出了模型应用的几点经验和体会。

第一，中国柑橘市场预警模型如果需要做长期预测，需要将主成分里的数据释放出来，再根据其经济规律预测未来的走向。从长远看，许多经济变量不可能像 2012~2020 年那样高速发展。应该说，自改革开放以来，中国一直是高速发展，许多经济数据呈现后期上扬过快。这样会使得经济预测被这些假象所蒙蔽。那么，中国经济的高速发展到底还能坚持多久，什么时候会越过经济高速增长的拐点，本书的居民可支配收入的预测或许提供了一些思路。但这是个尝试。如果能够预测出未来 40 年，即到 2050 年的各个经济变量的运行轨迹，那么将这些预测值代入主成分的表达式中，就可得到各个主成分的预测值，也就可以得到核心指标变量的预测值，从而完成长期预测。

第二，如果只是研究某个经济变量对被解释变量的影响，就把柑橘预警模型的 9 个与这个经济变量有关的子模型进行改造。将这个变量从主成分中抽出来，剩下的变量再做主成分。这个经济变量和理论模型中的变量以及新生成的主成分一起成为子模型中的解释变量。重新将预警模型联立在一起，用三阶段最小二乘估计进行拟合估计。这样就能够比较清晰地揭示出这个经济变量和被解释变量的经济联系。本章的城镇化对柑橘供给量的影响分析以及人民币汇率对柑橘出口量的影响分析就是用到了这种思路，结果发现重新拟合的模型与原先的模型中相同变量的回归系数变化不大，这也说明本书建立的中国柑橘市场预警模型具有较强的稳定性。

第三，柑橘鲜果在从田间地头到餐桌之间的运输销售过程中有较大的浪费。根据国家现代农业（柑橘）产业技术体系内部调查的数据显示，每年大约有20%的鲜果被损耗。因此，每年真正的柑橘需求量是小于本书中的数据。由于柑橘损耗无数据可查，因此本书不考虑柑橘损耗。但有一点是明确的：随着中国交通状况的改善和柑橘保鲜技术的提高，柑橘损耗率会逐步减少，本书所建立的柑橘供需缺口数据需要作相应的调整，其研究结论与对策也可能会有所变化。

第 8 章
研究结论与对策建议

在第 3 到第 7 章的研究中，已经得到了一些初步的结论，包括经济变量之间的统计关系和经济关系。在得出的中国柑橘市场预警模型中，也得到了柑橘供给量、国内鲜果消费量、进口量、出口量、加工量的影响因素，并分析了它们之间的能动关系。

本章将总结全书在建立模型和分析所得出的研究结论，研究这种结论产生的原因，有针对性地提供一些对策建议。

8.1　主要研究结论

本章将从柑橘供应、国内消费需求、进出口、加工、价格等多个方面进行总结。所有结论均来自于前面的研究。

（1）中国柑橘产业已经进入供大于求的供需失衡状态。从第 4、第 7 章的研究成果发现，中国柑橘供给量的增长速度比较快。中国柑橘产业能够在很短的时间内超过美国、巴西成为世界柑橘第一生产大国，显示了其在世界发展的速度。中国柑橘相对于其他农作物而言，显示了比较强的竞争优势。即使在柑橘价格极不稳定、利润空间一再被压缩的情况下，柑橘产区的农民还是愿意种植柑橘，说明柑橘作为重要的经济作物，是柑橘种植的山区人民脱贫致富的首选。然而，在第 7 章，研究结论发现，中国柑橘需求跟不上供给量的节奏。经过预测，2012 年以后，柑橘需求量占供给量的比例越来越小，供需将愈加失衡。

（2）中国居民可支配收入增长缓慢是致使供需失衡的主要原因。在中国当前发展形势下，居民可支配收入是刺激柑橘消费的最主要的力量。但是，中国居民的收入近些年来虽然有所增长，但明显是滞后于 GDP 的增速。况且城乡居民的住房、医疗、养老压力很大，老百姓拿不出更多的钱消费做为"奢侈品"的柑橘。居民只有在具有较高的收入水平时才能提高柑橘的消费，但目前还做不到这一点。

（3）中国柑橘销售价格呈现出明显的"蛛网模型"效应。第 4、第 5、第 6 章的研究结论均说明了一个重要信息，就是中国柑橘销售价格波动性较强，而且价格没有实质性增长。供给量模型中反映的 $\ln GQ_t$ 与 $\ln SP_{t-1}$ 高度正相关而与 $\ln SP_t$ 负相关，柑橘国内鲜果消费量模型中显示的 $\ln CQ_t$ 与 $\ln CQ_{t-1}$ 负相关却与 $\ln CQ_{t-2}$ 正相关，$\ln CQ_t$ 与 $\ln SP_t$ 正相关却与 $\ln SP_{t-1}$ 正相关等信息表明，柑橘的销售价格出现了明显的"蛛网模型"效应，这将是柑橘产业面临的最主要问题，那就是"增产不增收，减产不减收"。中国柑橘产业进入了一个完全由市场决定的时期。

（4）影响柑橘供给量与国内鲜果消费量的主要因素是柑橘销售价格、市场化水平、交通状况、城镇化进程等宏观社会经济因素。通过模型中主成分的回归系数和主成分的特征向量分量得出，城镇化进程对柑橘供给量的影响力度要小于对国内鲜果消费量的影响力度（0.1297×0.327<0.1136×0.4041），再加上城镇化进程对柑橘出口的正向影响等，可以断定城镇化进程对柑橘需求量的能动作用要大于对柑橘供给量的能动性。交通状况和市场化水平也有类似的结论。

（5）中国柑橘的销售没有实现全年常态化，给了替代品太多的机会。中国柑橘成熟期过于集中。在柑橘的成熟期上中国存在的问题较多，有 70% 以上的柑橘是中熟品种。中国柑橘的人均占有量还不到世界平均水平的一半，就已出现了柑橘"过剩"现象，除了中国居民购买力相对较低外，一个重要的原因就是柑橘成熟期过分集中，消费季节比较集中，没有像苹果那样实现全年消费。

（6）中国柑橘对外贸易处于劣势。第 4 章的进出口走势图能清晰地看出，柑橘的进口价明显高于出口价。从第 6 章得出的柑橘出口量与出口价没有很强的关联性可以看出，中国柑橘出口存在无序且出口管道单一等局面。中国政府和相关职能部门虽然鼓励农产品出口，提倡生产经营者开拓国际市场，但是中国目前缺乏统一有效的协调管理机制。一些有出口能力的生产经营主体缺乏出口经营权，不能直接了解国际市场信息和参与出口贸易，而有外贸经营权的企业对生产经营又缺乏信息沟通，致使生产经营盲目性大，经常出现供货奇缺而失去机会以及供给过剩而拥挤在单一的出口市场上以至竞相压价。

（7）人民币不断升值和世界经济水平的下滑制约了近几年的中国出口能力。2009 年中国柑橘出口量达到 113 万吨，但到了 2011 年出口量下降到 90 多万吨。世界范围内的经济不景气使得国外购买能力下降。从第 7 章的研究结论看，人民币汇率对柑橘出口的负影响是显著的。出口量的下降，加重了国内消费的压力，从导致了近两年柑橘价格跌宕幅度较大。据调研发现，2012年赣州等地的脐橙最低竟只卖到0.2元一斤，橘农损失惨重。

（8）中国柑橘加工水平较低，产业化链条还不完整。中国柑橘的采后商品化处理、储藏保鲜以及市场营销是产业化链条中较为薄弱的环节。中国柑橘产品产后增值率低，柑橘产业的整体经济效益没有得到充分发挥。目前中国柑橘鲜果采后商品化处理率不足5%，而发达主产国家高达90%以上，差距明显。加工比例远低于世界35%的平均水平，更低于80%的巴西和70%的美国水平。另外，中国橘农的组织化程度不高，缺乏龙头企业的带动和果农协会的组织，还没有一个像美国新奇士公司那样的中介组织。同时，中国柑橘技术培训推广、质量标准及市场信息体系建设还比较滞后。

（9）中国柑橘还是处在靠扩张种植面积增加产量的阶段。在科技进步率测算的过程中发现，虽然近些年来科技对柑橘产量的贡献有所增强，但是柑橘种植面积对于柑橘产量的贡献仍然是最大的。根据柑橘生产发达国家的经验，使用柑橘无病毒良种苗木能够使柑橘产量增加30%左右，然而，目前中国柑橘无病毒良种苗木生产能力只能满足生产需要的2%左右，柑橘苗木繁育体系的各个环节还没有形成有机的整体，乱调乱运苗木的现象比较普遍，一些地方甚至把带有检疫性病害（如溃疡病、黄龙病）的苗木引入产区，严重制约了柑橘产业的健康持续发展。

8.2 对 策 建 议

根据前面的研究结论，建议国家及有关部门采取以下措施解决柑橘产业目前存在的问题。

第一，稳定柑橘种植面积，禁止与粮争地。中国柑橘发展到今天已经完全进入到买方市场。在中国当前的居民可支配收入一定的情形下，柑橘的销售成为了柑橘产业的主要问题。根据第7章的计算结果，中国柑橘最大需求量将在6000万吨左右。按照这个容量，建议政府出台相关政策，严禁毁粮田造柑橘园。对新建柑橘园实行严格的审批制度，实行建园配额报审制度，力争把柑橘种植面积控制在3000千公顷左右。

第二，加大科技投入，努力提高柑橘单产水平与品质。重点将科研转向品种改良上面，一方面增加柑橘肉质，加速柑橘加工业原料以及加工技术等方面的研究，努力增加附加值，提高市场竞争力，从而提高柑橘出售价格增加农民收入。另一方面提高柑橘抗病虫害以及防冻、抗寒、抗旱等能力，努力提高柑橘单产，并且改进栽培技术，降低生产与管理成本，提高柑橘的投入产出率。

还应建立柑橘国家重点教学与科研单位，加强国家柑橘种植园的投入与管理，并将这种管理经验和优良的柑橘品种加以推广。最后还要注意加大国际合作，有计划地引进国外先进技术，加速柑橘结构的优化和调整。在3000千公顷面积下，中国柑橘的平均单产水平要达到每公顷20吨，大约要在现有的柑橘单产水平上提高50%左右。这将是科研工作者努力的目标。

第三，中国要考虑建立海外柑橘生产基地或者进口基地。在柑橘种植面积既定的情况下，一旦柑橘需求量在6000万吨左右出现波动时，供给的不足可通过进口来缓解。这就需要政府决策者考虑把什么样的柑橘品种移到东南亚国家进行种植，给予东道国相应的技术支持与帮助，并建立稳定的进口基地。这样做有三个好处，一是将市场风险转移到国外。中国只根据自己的需要进口柑橘，数量不多，对中国柑橘产业没有什么影响。二是能够节省大量的土地及劳动力。中国虽然人口众多，但从事柑橘生产的农民越来越少，柑橘的种植成本会越来越高。而东南亚国家相对于中国来说劳动力价格还要低一些，气候与中国南方差异不大。从他们那里进口柑橘可能比国内购买柑橘还便宜一些。三是为国家创造一个良好的国际环境。东盟是中国未来的最重要的贸易伙伴，文化上的相似性造就了中国和东盟的友谊。从东南亚进口柑橘既是平衡中国柑橘的供需，更是与东盟建立更加牢固的经济联系，有利于国家的安全。

第四，抓住国家城镇化建设的政策，努力改善柑橘产区交通状况，提高柑橘产区市场化水平。新增的城镇居民均来自于农村，与农村有着千丝万缕的联系。他们一边做着城镇居民，一边做着与农业相关的工作，例如柑橘贸易、技术服务、物资供应等。城镇与农村交通的改善以及这些农村出身的城镇居民，必然加速柑橘产品向城镇以及国外销售的速度。信息与亲情的联系、小城镇与大城镇的联系、文化与思想的联系将柑橘生产的山区迅速与现代化的中国发达地区融为一体，一些高层次管理人才和技术人才就会到城镇周边的农村工作，柑橘专业合作社将会有条件有能力聘请到专业的营销和管理人才。另外，城镇化将会使得农业信息产业化提速，网络营销、旅游营销、休闲农业等新型营销模式将会重新焕发青春。中国柑橘营销和供应的方式将会发生根本性的变化，这些均将提高柑橘供应能力与需求能力。

第五，改善贸易环境，制定相关政策，规范柑橘专业合作社的建设，鼓励建立各种营销组织，在人民币汇率不断升值的前提下，可以利用人民币结算等手段尽量降低汇率变动的影响。中国加入WTO后，随着中国及其贸易伙伴国关税的削减和贸易壁垒的减少，中国柑橘出口贸易环境日趋改善。但是，面对人民币升值带来的负面影响，中国政府更应该利用WTO成员国的身份，在全球贸易规则制订方面发挥积极的作用，扭转被动接受和承受别人谈判结果的不利局面，从而为开拓柑橘出口市场创造一个良好的外部环境。另外，鼓励发展各种代表果农利益的营销组织、中介组织和合作组织，使广大农户联合起来进入市场，创造良好的营销环境。

第六，抓住国家收入倍增计划和人民生活水平提高的机会，宣传柑橘产品在人体营养均衡、防治疾病、强身健体等多方面的功效，努力提高居民的柑橘边际消费倾向。加大柑橘加工的投入力度，通过引资、财政支持、合作社合股等多种方式促进柑橘清洗、打蜡、冷藏、包装等初级加工，延长柑橘销售季节。研究橙汁加工的专有柑橘品种，扶植柑橘橙汁加工企业的发展，加强产品的品牌建设，抢占橙汁国际市场。另外通过柑橘的品种改良和栽培技术的研究，实现柑橘销售季节无缝对接，全年销售。在居民收入增加的前提下，加大柑橘品种的多元化和季节交错上市有利于柑橘的销售，努力提高柑橘需求量。

第七，建立柑橘预警平台，就柑橘生产、供应、消费、进出口等进行信息预测预报，建立预警平台的反馈修复系统，形成高效精确的预警机制。加强市场信息服务体系建设，促进产销衔接。一是柑橘主产区要及时收集国内外有关柑橘的产业政策、生产、加工、保鲜、市场及自然灾害等方面的信息，建立及时、准确、系统、权威的柑橘产品预警信息发布系统，为生产者、经营者、消费者提供决策参考，达到调控柑橘产品市场的目的。二是建立产销预警系统，建立柑橘产业信息化网络平台，及时地向广大橘农提供国内外市场行情信息，建立有市场导向建议的柑橘产品供应体系。建立功能齐全、反应快速的柑橘进出口预警系统，及时提供柑橘生产和贸易信息。建立柑橘供应与进口监测预警制度，防止供需失衡。选择典型柑橘产区，优先建设和完善手机短信、网络、微信、电视等传送综合渠道，扩大覆盖范围，提高柑橘信息覆盖率，提高柑橘产销的信息服务水平。

参 考 文 献

柏继云，孟军，吴秋峰．2007．黑龙江省大豆生产预警指标体系的构建．东北农业大学学报，（4）：568-572.

柏继云．2006．黑龙江省大豆生产预测预警研究与实证分析．哈尔滨：东北农业大学.

操张进．2011．基于定性相空间的应急资源需求预测方法研究．合肥：中国科学技术大学.

曹明振．2008．国家粮食安全预警决策支持子系统的设计与开发．北京：北方工业大学.

楚君．2013．基于信号博弈的农产品加工服务研究．现代商贸工业，（4）：18-20.

冯飚，徐兆亮．1995．城市蔬菜供需平衡问题的优化研究．西北师范大学学报，（1）：53-56.

高铁梅．2006．计量经济分析方法与建模．北京：清华大学出版社.

高志刚，韩延玲．2004．新疆棉花产业预警指标体系的构建．中国农垦经济，（12）：28-31.

贺京同，潘凝，张建勋．等．2000．基于模糊神经网络的宏观经济预警研究．预测，（4）：42-45.

虎晓红，马新明，席磊．2006．粮食本底安全预警系统的设计及实现．曲阜师范大学学报，（4）：118-120.

黄德宏．2009．影响河南农产品进出口原因分析．决策与信息，（53）：89-90.

姜秀华，任强，孙铮．2002．上市公司财务危机预警模型研究．预测，（3）：56-61.

晋奇．2006．河南省粮食生产预警系统研究．郑州：河南农业大学.

孔祥智，丁玉．2013．我国农产品进出口贸易的特点及趋势：1998—2011．经济与管理评论，（1）：103-112.

李炳军，李秋芳，卢秀霞．2009．灰色线性回归组合模型在河南省粮食产量预测中的应用．河南农业科学，（10）：44-47.

李红．2008．农产品及其加工产品质量安全隐患与解决对策．中小企业管理与科技，（5）：221.

李建伟．2011．我国进口价格的影响因素及政策建议．经济纵横，（10）：1-6.

李良波．2006．农产品出口制约因素及预警指标体系构建．商业时代，（23）：83-85.

李启波，邬彬，吴丹，等．2007．从"菜贱伤农"看农产品市场预警机制的建立．中国农村小康科技，（10）：33-35.

李志斌．2007．粮食生产安全预警研究——以东北三省为例．北京：中国农业科学院.

李子奈．1992．计量经济学——方法与应用．北京：清华大学出版社.

刘传哲，张丽哲. 1999. 金融危机预警系统及其实证研究. 系统工程，17（5）：33-37.

刘九丛. 2006. 中国棉花市场预警系统及指标体系研究. 中国棉麻流通经济，（4）：35-37.

刘强，陈东东，杨盼. 2010. 奶类消费需求组合预测——基于指数平滑法和灰色模型. 中国商贸，（1）：6-7.

刘兴，顾海英. 2008. 中国粮食产量周期波动测定及预警分析. 陕西农业科学，（2）：168-172.

卢秀茹，代学钢，王健. 2007. 基于信息技术的棉花风险预警系统及应用. 农业工程学报，（9）：159-163.

陆胜民. 2010. 世界柑橘生产、贸易、加工的历史、现状与发展趋势. 食品与发酵科技，（6）：63-68，71.

吕新业. 2006. 中国粮食安全及预警研究. 北京：中国农业科学院.

罗锋，牛宝俊. 2009. 国际农产品价格波动对国内农产品价格的传递效应——基于 VAR 模型的实证研究. 国际贸易问题，（6）：16-22.

马骥，张卫峰. 2005. 组合预测方法在磷肥需求预测中的应用. 知识丛林，（6）：120-121.

马九杰，张象枢，顾海兵. 2001. 粮食安全衡量及预警指标体系研究. 管理世界，（1）：154-162.

马腾. 2008. 河北省棉花生产预测与预警研究. 保定：河北农业大学.

马晓河，王为农，蓝海涛. 2003. 入世后中国农产品供需平衡问题研究. 宏观经济管理，（3）：25-29.

毛树春，李亚兵，王香河，等. 2005. 中国棉花产业经济预警指标的研究和应用——中国棉花生产景气指数（CCPPI）和中国棉花生长指数（CCGI）. 中国农业科技导报，（4）：55-58.

穆维松，张小栓，刘雪，等. 2005. 水果供给与需求关系组合分析模型的构建及应用. （11）：139-144.

祁春节，邓秀新. 2000. 中美两国柑橘产业的比较. 世界农业，（3）：3-4.

祁春节. 2001. 中国柑橘产业的经济分析与政策研究. 武汉：华中农业大学.

秦鸣，何如海. 2013. 苏南地区农产品出口影响因素的实证分析. 湖北经济学院学报（人文社会科学版），（5）：39-41.

秦悦铭. 2012. 我国大豆进口贸易影响因素分析. 南京：南京航空航天大学.

阚树玉，王升. 2010. 人民币汇率波动对中国农产品进口价格影响的研究. 农业技术经济，（5）：15-23.

任斌，何俊杰. 2009. 基于结构化神经网络挖掘的农产品产量预测方法. 计算机工程与科学，31（9）：88-91.

荣岩. 2011. 人民币汇率传递效应的影响因素研究——基于不完全竞争的视角. 上海：复旦大学.

沈瑾，刘清. 2008. 中国农产品加工预警体系构建的研究. 农业工程技术（农产品加工业），（10）：12-14.

史峰，王辉，胡斐，等．2011. MATLAB智能算法30个案例分析．北京：北京航空航天大学出版社．

孙凤．1997. 粮食产需波动及预警系统．统计与决策，（5）：19-20.

谭向勇．2001. 中国主要农产品市场分析．北京：中国农业出版社．

陶建平，熊刚初，徐晔．2004. 我国水果消费水平与城镇化的相关性分析．中国农村经济，（6）：18-24.

田文娟．2012. 农产品加工存在的质量安全隐患与对策．农民致富之友，（16）：27-27.

汪晓银，刘大集，祁春节．2006. 中国蔬菜总产的主成分回归模型的构建及预测．农业系统科学与综合研究，22（2）：132-135.

汪晓银，祁春节．2004. 中国蔬菜生产、消费与贸易研究——一个供需平衡的计量经济分析框架．武汉：华中农业大学．

汪晓银，谭劲英，谭砚文．2006. 城乡居民年人均蔬菜消费量长期趋势分析．湖北农业科学，45（2）：135-137.

汪晓银，谭砚文，祁春节．2004. 中国省区农业生产条件差异的聚类分析．湖北大学学报（自然科学版），26（4）：350-353.

汪晓银，赵玉，祁春节．2004. 化肥投入与蔬菜产出的边际分析．湖南农业大学学报（自然科学版），30（4）：348-350.

汪晓银，周保平．2011. 数学建模与数学实验（第二版）．北京：科学出版社．

汪晓银，朱倩军，祁春节．2004. 中国蔬菜产出水平及其影响因素的主成分分析．华中农业大学学报（社会科学版），（5）：16-18.

王江，龚丽．2006. 构建中国农产品技术性贸易壁垒预警体系的框架．农业经济问题，（5）：65-68.

王文海．2007. 对完善中国农产品出口预警机制的思考．国际经济合作，（10）：36-42.

王志会．2011. 人民币升值对我国农产品进出口的影响．合肥：安徽大学．

吴金环，傅泽田．2004. 中国几种主要农产品的未来需求——从可变需求收入弹性看．西北农林科技大学学报（社会科学版），（6）：33-35.

吴璇．2003. 中国粮食价格预警系统研究．北京：中国农业大学．

席玉坤．2010. 调整农村结构，实现农产品供需平衡．中国商贸，（1）：6-7.

肖黎．2012. 中国农产品贸易逆差：格局、影响因素及其应对研究．长沙：湖南农业大学．

肖培灵，马军海，耿立艳．2010. 基于灰色支持向量机组合模型的农产品产量预测．中国农机化，（1）：44-47.

薛文珑．2006. 海南农业经济预警系统研究．儋州：华南热带农业大学．

杨梅娟，陈亚军．2006. 变共轭梯度算法及其在农产品总产量预测中的应用．计算机应用，（11）：2765-2772.

杨艳涛．2009. 加工农产品质量安全预警与实证研究．北京：中国农业科学院．

叶旭君，Kenshi Sakai，何勇．基于机载高光谱成像的柑橘产量预测模型研究．光谱学与光谱分析，2010（5）：1295-1299.

于平福，廖振钧，梁贤 . 2002. 广西农产品预警模型设计与开发研究 . 广西社会科学，（4）：133-135.

于平福，陆宇明，韦莉萍，等 . 2011. 基于小波广义回归神经网络的粮食产量预测模型 . 湖北农业科学，（5）：2135-2137.

袁志清 . 2001. 广东省农业生产结构调整中的粮食供需平衡 . 南方经济，（1）：66-68.

张晶，李江风 . 2006. 耕地需求预测方法研究——以广西资源县为例 . 安徽农业科学，（6）：1204-1206.

张霞 . 2007. 农产品加工产业集群发展研究 . 武汉：华中农业大学 .

张勇，曾澜，吴炳方 . 2004. 区域粮食安全预警指标体系的研究 . 农业工程学报，（3）：192-196.

赵瑞莹，贾卫丽 . 2004. 农产品市场风险预警管理研究 . 农业现代化研究，（1）：35-37.

赵瑞莹，杨学成 . 2008. 农产品价格风险预警模型的建立与应用——基于 BP 人工神经网络 . 农业现代化研究，（2）：172-175.

赵瑞莹 . 2006. 农产品市场风险预警管理研究 . 泰安：山东农业大学 .

赵芝俊，张社梅 . 2006. 近 20 年中国农业技术进步贡献率的变动趋势 . 中国农村经济，（3）：4-12, 22.

钟钰 . 2007. 中国农产品关税减让与进口的相互关系及经济影响 . 南京：南京农业大学 .

周方 . 1995. 关于"规模收益不变"之假定及生产要素产出弹性系数的测算 . 数量经济技术经济研究，（6）：40-50.

周净，朱德开，方群 . 2008. 安徽农产品出口对农业经济增长的实证分析 . 特区经济，（6）：180-181.

朱丽萌 . 2007. 中国农产品进出口与农业产业安全预警分析 . 财经科学，（6）：111-116.

朱希刚 . 1997. 农业技术经济分析方法及应用 . 北京：中国农业出版社，

Adams RM. 2003. The benefits to Mexican agriculture of an El Niño-southern oscillation（ENSO）early warning system. Agricultural and Forest Meteorology，（115）：183-194.

Altman EI，Haldeman R G，Narayanan P. 1977. Zeta analysis：a new model to identify bankruptcy risk of corporations. Journal of Banking and Finance，（9）：29-54.

Altman EI，Marco G，et al. 1994. Corporate distress diagnosis：comparisons using linear discriminant analysis and neural networks. Journal of Banking and Finance，（18）：505-529.

Altman EI. 1968. Financial ratios，discriminant analysis and the prediction of corporate bankruptcy. Journal of Financial，123（24）：589-609.

Anna H. 1992. Using neural network for classification tasks：some experiments on data sets and practical advice. Journal of Operation Research Society，43：215-226.

Aziz A，Emanuel D，Lawson G. 1988. Bank predicition：an investigation of cash flow based models. Journal of management studies，：419-437.

Boken VK. 2000. Forecasting Spring Wheat Yield Using Time Series Analysis：A Case Study for the Canadian Prairies. Agronomy Journal，92（6）：1047-1053.

Brockett P L , Cooper W W , Golden L L, et al. 1994. A neural network method for obtaining an early warning of insurer insolvency. The Journal of Risk and Insurance , 61 （3）: 402-424.

Burkart O, Coudert V. 2002. Leading indicators of currency crises for emerging countries. Emerging Markets Review , 3: 107-133.

Bustelo P. 2000. Novelties of financial crises in the 1990s and the search for new indicators. Emerging Markets Review , 1: 229-251.

Carpio C E, Ramirez O A. 2002. Forecasting foreign cotton productiong: the case of India, Pakistan and Australia. Atlanta, Georgia: Beltwide Cotton Conferences.

Fanning K, Cogger K. 1998. Neural network detection of management fraud using published financial. International Journal of Intelligent System s in Accounting Finance and Management , 7 （1）: 21-41.

Isengildina O, Irwin SH, Good D L. 2003. Empirical Confidence Intervals for WASDE Forecasts of Corn, Soybean and Wheat Prices. NCR-134 Conference on Applied Commodity Price Analysis, Forecasting, and Market Risk Management.

Isengildina O, Irwin SH, Good D L. 2006. USDA Interval Forecasts of Corn and Soybean Prices: Overconfidence or Rational Inaccuracy. NCCC-134 Conference on Applied Commodity Price Analysis.

Jo H, Han I. 1997. Bankruptcy prediction using case- based reasoning, neural networks and discriminant analysis. Expert System with Application, 13 （2）: 97-108.

Kanji Yoshioka , et al. 1994. Sources of Total Factor Productivity, Keio Economic Observatory, Keio University. Monograph, （5） .

Kantanantha N, Serban N, Griffin P. 2010. Yield and Price Forecasting for Stochastic Crop Decision Planning. Journal of Agricultural, Biological, and Environmental Statistics , 15: 362-380.

Kolari J, Caputo M , Wagner D. 1996. Trait recognition: an alternative approach to early warming systems in commercial banking. Journal of Business Finance & accounting , 23: 9-10.

Konandreas P, Peter B, Richard G. 1978. Estimation of Export Demand Functions for U. S. Wheat. West J. Agr. Econ, 3: 39-49.

Kumar V. 1998. An early warning system for agricultural drought in an arid region using limited data. Journal of Arid Environments, （40）: 199-209.

Laitinen E K, Chong H G. 1999. Early- warning system for crisis in SMEs: Preliminary evidence from Finland and the UK. Journal of Small Business and Enterprise Development , 6 （1）: 89-102.

Longmire J, Morey A. 1983. Strong Dollar Dampens Demand for U. S. Farm Products. FAER 193, U. S. Department of Agriculture, Economic Research Service.

Maskus K E. 1986. Exchange Rate Risk and U. S. Trade: A SectoralAnalysis. Federal Reserve Bank of Kansa City. Eco. Rev. （3）: 16-28.

Pick D H. 1990. Exchange Rate Risk and U. S. Agriculture Trade Flows. American Journal of

中国柑橘市场预警研究

Agriculture Economics, 72 (3): 694-700.

Salman A Z, A l-Karablieh E K. 2001. An early warning system for wheat production in low rainfall areas of Jordan. Journal of Arid Environments, (49): 631-642.

Sanders D R, Manfredo M R. 2006. Forecasting Basis Levels in the Soybean Complex: A Comparison of Time Series Methods. Journal of Agricultural and Applied Economics, 38: 513-523.

Schuh G E. 1974. The Exchange Rate and U. S. Agriculture. American Journal of Agriculture Economics, 56 (1): 1-13.

Villani M. 2001. Bayesian prediction with cointegrated vector autoregressions. International Journal of Forecasting, 17: 585-605.

Wanger W P, Otto J, Chung Q B. 2002. Knowledge acquisition for expert systems in accounting and financial problem domains. Knowledge Based Systems, 15: 439-447.

Xiaoyin Wang, Yuhong Li, Chunjie Qi. 2008. The Analysis of Technology Progress and Production of Chinese Citrus Fruit. International Conference on Convergence & Hybrid Information Technology.

Yang B A, Li LX, Ji H, et al. 2001. An early warning system for loan risk assessment using artificial neural networks. Knowledge-Based Systems, (14): 303-306.

Yoon Y, Swales G. 1993. A comparison of discriminant analysis versus artificial neural networks. Journal of Peratia Research Society, 44: 51-60.

参
考
文
献

附　　录

附录1：本书所用到的程序代码

附录1-1　等级相关系数的 SAS 程序

```
data ex;
input GQ SP S GP SC JT ZH NZ KJ JZ LD CXC CQ EC I CPI MC CZ TP EQ
IQ C EP R WJ Y HJ WTO IP GDP JQ GY WH@@;  /* KJ MC HJ WTO no log */
lGQ=log（GQ）; lSP=log（SP）; lS=log（S）; lGP=log（GP）; lSC=log（SC）;
lJT=log（JT）;
lZH=log（ZH）; lNZ=log（NZ）; LJZ=log（JZ）; lLD=log（LD）; lCXC=log
（CXC）;
lCQ=log（CQ）; lEC=log（EC）; lI=log（I）; lCPI=log（CPI）; lCZ=log
（CZ）; lTP=log（TP）;
lEQ=log（EQ）; lIQ=log（IQ）; lC=log（C）; lEP=log（EP）; lR=log（R）;
lWJ=log（WJ）;
lY=log（Y）; lIP=log（IP）; lGDP=log（GDP）; lJQ=log（JQ）; lGY=log
（GY）; lWH=log（WH）;
cards;
数据略
proc corr spearman;  var lGQ lSP lS lGP lSC lJT lZH lNZ KJ lJZ lLD lCXC
lCQ lEC lI lCPI MC lCZ lTP lEQ lIQ lC lEP lR lWJ lY HJ WTO lIP lGDP lJQ
lGY lWH;
run;
```

附录 1-2　联立方程的 MATLAB 计算程序

（1）检验输入参数格式

```
result. meth = 'thsls';
result. neqs = neqs;      % 方程个数
chk = fieldnames（y）;
if（strcmp（chk,'eq'）～=1）
error（'Use eq as the fieldname for y'）;
end
chk = fieldnames（Y）;
if（strcmp（chk,'eq'）～=1）
error（'Use eq as the fieldname for Y'）;
end
chk = fieldnames（X）;
if（strcmp（chk,'eq'）～=1）
error（'Use eq as the fieldname for X'）;
end
nobs = length（y（1）.eq）;
ymat = zeros（nobs, neqs）;
yi = zeros（neqs, 1）; xi = zeros（neqs, 1）;
for i = 1: neqs
  ymat（:, i）= y（i）.eq;      % 第 i 个方程的被解释变量
  [junk yi（i, 1）] = size（Y（i）.eq）;   % 第 i 个方程解释变量中
的内生变量个数
  [junk xi（i, 1）] = size（X（i）.eq）;   % 第 i 个方程解释变量中
的先决变量个数
  result（i）.nvar = yi（i, 1）+xi（i, 1）;
end
```

（2）确定所有先决变量

```
if nargin = =5      % 参数输入完整
  xinst = xall;
else              % xall 缺损
  xall = ones（nobs, 1）;% 常数项
```

```
for i = 1: neqs
    for j = 1: xi (i, 1)
    if sum ( (X (i) . eq (:, j) -ones (nobs, 1)) . ^2) > 0
        % 在各方程的先决变量中提取非常数项的先决变量
        xall = [xall X (i) . eq (:, j)];
    end
    end
end
[junk, I, J] = unique (xall', 'rows'); % 去掉其中相同的先决变量
Is = sort (I);
xinst = xall (:, Is);
end
```

（3）计算联立方程系统的三阶段最小二乘估计量

```
nrhs = sum (yi) -neqs;
Ymat = zeros (nobs, nrhs);
XX = xinst * inv (xinst' * xinst) * xinst';      % XX = X (X'X)^{-1}X'
Z = zeros (nobs * neqs, sum (xi) +nrhs);      % Z = diag(Z_1, Z_2,
…, Z_m), w = Z ⊗ X'
emat = zeros (nobs, neqs);      % 残差 e
cnts = 0;
for i = 1: neqs
nexog = xi (i, 1); nendog = yi (i, 1);
Rmat = zeros (nobs, nendog); Zmat = zeros (nobs, nexog);
if nexog > 0      % 第 i 个方程解释变量中含有外生变量
    for j = 1: nexog;
    Zmat (:, j) = X (i) . eq (:, j);
    end
end
if nendog > 0   % 第 i 个方程解释变量中含有内生变量
for j = 1: nendog
    Rmat (:, j) = Y (i) . eq (:, j);
    end
end
if nendog > 0 & nexog > 0
```

% 方程中既含有内生变量又含有外生变量，利用 2SLS 估计，并计算
残差

res2s = tsls（y（i）. eq（:），Rmat，Zmat，xinst）;

emat（:，i）= res2s. resid;% 2SLS 的残差

elseif nendog = = 0 % 方程中没有有内生变量，利用 OLS 估计

reso = ols（y（i）. eq（:），Zmat）;

emat（:，i）= reso. resid;% 残差

elseif nexog = = 0 % 方程中既没有内生变量也没有外生变量

    error（'thsls：no exogenous variables in one equation- not even a constant?'）;

end

if nendog > 0 & nexog > 0

Z（(i−1)* nobs+1:(i−1)* nobs+nobs，cnts+1:cnts+nexog+nendog）= [Rmat Zmat];

elseif nendog > 0 & nexog = = 0

Z（(i−1)* nobs+1:（i−1）* nobs+nobs，cnts+1:cnts+nexog+nendog）= [Rmat];

elseif nendog = = 0 & nexog > 0

Z（(i−1)* nobs+1:（i−1）* nobs+nobs，cnts+1:cnts+nexog+nendog）= [Zmat];

end

cnts = cnts + nexog+nendog;

end

sig = （1/nobs）* emat'* emat;

SIGI = kron（inv（sig），XX）;

yvec = [];

for i = 1: neqs;

    yvec = [yvec

        y（i）. eq];

end

[nk1 junk] = size（Z'* SIGI* Z）; xpxi = inv（Z'* SIGI* Z）;

% xpxi $= Z'(\hat{\Sigma}^{-1} \otimes X(X'X)^{-1}X')Z = (Z \otimes X')'(\hat{\Sigma} \otimes X'X)^{-1}Z \otimes X' = w'\hat{V}^{-1}w$

bhat＝xpxi＊（Z′＊SIGI＊yvec）；　　%参数估计值 $\hat{\delta}_{3sls} = (w'\hat{V}^{-1}w)^{-1}w'V^{-1}y$

（4）计算联立方程系统内生变量的拟合效果以及参数的统计检验

nvar＝length（bhat）；

yhat＝Z＊bhat；　　%内生变量的拟合值

resid＝yvec － yhat；

for i＝1：neqs

　　result（i）.resid＝resid（（i-1）＊nobs+1：i＊nobs，1）;%第 i 个方程的残差

　　result（i）.sige＝（result（i）.resid′＊result（i）.resid）/（nobs）；

　　result（i）.yhat＝yhat（（i-1）＊nobs+1：i＊nobs，1）；

　　result（i）.y＝yvec（（i-1）＊nobs+1：i＊nobs，1）；

end

tstat＝zeros（nk1，1）；cnt＝1；

for i＝1：neqs；

　　nexog　＝xi（i，1）；nendog＝yi（i，1）；

　　for j＝1：nexog+nendog

　　　　tmp＝（xpxi（cnt，cnt））；tstat（cnt，1）＝bhat（cnt，1）/sqrt（tmp）；　　%T 值

　　　　cnt＝cnt + 1；

　　end

end

tprob＝tdis_ prb（tstat，nobs）;%P 值

cnt＝1；

for i＝1：neqs；

　　nvar＝result（i）.nvar；

　　result（i）.beta＝bhat（cnt：cnt+nvar-1，1）；

　　result（i）.tstat＝tstat（cnt：cnt+nvar-1，1）；

　　result（i）.tprob＝tprob（cnt：cnt+nvar-1，1）；

　　yhatg＝result（i）.yhat；residg＝result（i）.resid；

　　sigu＝residg′＊residg；ygm＝mean（result（i）.y）；

　　yd＝result（i）.y － ones（nobs，1）＊ygm；rsqr2＝yd′＊yd；

result（i）.rsqr＝1 － sigu/rsqr2；

　　rsqr1＝sigu/（nobs-result（i）.nvar）；rsqr2＝rsqr2/（nobs-1.0）；

result（i）.rbar = 1 −（rsqr1/rsqr2）；ediff = residg（2：nobs）−
residg（1：nobs−1）；

result（i）.dw = diag（（ediff′ * ediff）./（sigu））′；cnt = cnt+nvar；

end；

result（1）.nobs = nobs；

result（1）.sigma = sig；%扰动项的方差矩阵

result（1）.ccor = corrcoef（emat）；%残差之间的相关系数

附录1-3　主成分分析的 SAS 程序

data ex；input x1−x9@@；

z1 = log（x1）；z2 = log（x2）；z3 = log（x3）；z4 = log（x4）；z5 = log（x5）；z6
= log（x6）；z7 = log（x7）；

z8 = log（x8）；z9 = log（x9）；

cards；

；

proc princomp out = prin；var z1−z9；**run**；

proc print data = prin；

var prin1−prin9；**run**；

附录2：1992～2011 年中国柑橘分品种产量及柑橘园面积

年份	柑/万吨	橘/万吨	橙/万吨	柚/万吨	总产量/万吨	总面积/千公顷
1992					516.01	1 087.3
1993					656.10	1 130.3
1994					680.54	1 123.9
1995					822.50	1 214.1
1996					845.66	1 279.8
1997					1 010.22	1 309.2
1998					859.04	1 270.4
1999					1 078.71	1 282.8
2000					878.31	1 271.8
2001	408.17	466.78	135.20	138.16	1 160.69	1 323.7

年份	柑/万吨	橘/万吨	橙/万吨	柚/万吨	总产量/万吨	总面积/千公顷
2002	424.91	457.46	150.08	152.59	1 199.01	1 404.5
2003	484.27	499.65	180.86	164.18	1 345.37	1 505.7
2004	532.29	552.61	212.14	180.08	1 495.83	1 627.2
2005	554.31	576.36	254.71	186.70	1591.92	1 717.3
2006	608.34	676.54	284.68	202.53	1 789.83	1 814.5
2007	687.95	767.54	349.64	227.03	2 058.27	1 941.4
2008	778.54	879.25	393.69	251.78	2 331.26	2 031.0
2009	802.94	959.45	463.34	267.70	2 521.10	2 160.3
2010	828.04	1 011.21	489.15	282.58	2 645.25	2 211.0
2011	927.34	1 130.57	554.08	320.67	2 944.04	2288.3

资料来源：《中国农业统计资料》（1993~2012）

附录3：柑橘产业成本与收益调研表

柑橘生产成本与收益调查问卷

调查时间：_____年____月____日星期_____

业主（户主）姓名：_____   编号：_____
联系电话：_____   身份证号码：_____

一、果园（农户）基本资料状况

1. 您家属于_____省_____市（县）_____乡（镇）_____村（组）

2. 您的年龄_____岁，文化程度是：A 小学以下，B 小学，C 初中，D 高中，E 中专以上。

3. 您家共有_____口人，家中劳动力人口_____人，非劳动人口____人，从事农业生产的_____人。

4. 您家有没有人从事非农业项目：A 有 B 没有；如果有，是（1）_____行业，年均收入_____元；（2）_____行业，年均收入_____元；（3）_____行业，年均收入_____元。

5. 您家的2009年总收入_____元，有无节余？A 有_____B 刚刚够用 C

欠了债_____

6. 您家共有耕地（不包括果园）_____亩；灌溉条件：A 方便，B 不方便；其中种植粮食_____亩；您是否还转包村集体或他人的土地：A 是，共_____亩，承包费为_____元；B 否。

二、果园（农户）投入产出调查表（两个生产年度分别记入下表）

果园名称				果树品种			
果园总面积（亩）	08 年		柑橘产量（公斤/年）	08 年		柑橘产值（元）	08 年
	09 年			09 年			09 年
果树总株数		树龄 1 年株数	2 年株数		3 年株数	4 年株数	5 年上株数
已结果株数							
每年更替株数（或更替比率）							
到果园收购最高价格（元/公斤）	08 年		最低价格（元/公斤）	08 年		收购平均价格（元/公斤）	08 年
	09 年			09 年			09 年

	项目	2008	2009
直接费用	种苗费（自出资金，元）		
	种苗费（政府补贴资金，元）		
	农家肥（折合，元）（多少斤，每斤多少钱）		
	化肥（元）		
	农药总金额（元）（共打了几遍，每遍多少支出）		
	除草剂总金额（元）（共打几遍，每遍多少支出）		
	地膜费用费（元）		
	耕畜使用费（元）（使用几次，每次几天，合计）		
	排水灌溉费（元）		
	机械使用费（元）（旋耕机、喷雾器和三轮车等的价格除以使用年数）		
	使用机器过程中燃料、润滑油等费用（元）		
	棚架材料费（元）（大棚和果园建筑成本除使用年数，再加上维修费用）		
	技术培训、咨询、辅导费用（元）		
	其他直接（物质）的生产费用（元）（换零部件费用+果园水电费）		
	全年雇用人员工时（日）		
	雇用人员平均工资（元/日）		
	全年雇用人员工资支出（元）		
	管理费（上交管理费+上交合作社管理费+银行的贷款利息）		

直接费用总计（元）			
劳动用工（指自己及家人的劳动，不含雇用人员劳动）	项目用工（时）（大棚、果园等的建筑用工）		
	耕整地用工（几次，一次用多少工）		
	施肥用工（几次，一次用多少工）		
	灌溉用工（几次，一次用多少工）		
	田间管理用工（除草、打药，看护等）（几次，一次用多少工）		
	剪枝（几次，一次用多少工）		
	育苗、移植用工（几次，一次用多少工）		
	疏花（几次，一次用多少工）		
	疏果（几次，一次用多少工）		
	采摘（几次，一次用多少工）		
	运输（几次，一次用多少工）		
	直接生产用工总数		
	每劳动日工价（元）		
劳动用工费用总计（元）			
生产成本总计（元）（直接费用+劳动用工）			
柑橘纯收入（柑橘产值−生产成本总计）			

后　记

　　在经济全球化发展进程的驱动下，中国国内农产品市场的开放程度进一步加大，农产品生产受到国际市场的影响也越来越大；同时，在城镇化、市场化、工业化的大背景下，农村经济结构调整步伐也逐渐加大。哪些农产品过剩，哪些农产品不足？国内外的市场情况如何？这些问题都应该要了然于胸，这样中国农业生产才能掌握主动。因此，对关系国计民生的重要的、敏感的农产品进行市场预警，合理调整农业政策，保障农产品市场安全，提高农产品市场竞争力，及时引导生产经营，规避市场风险，是一项十分紧迫的任务。

　　2007年以来，作为国家柑橘产业技术体系产业经济研究室的主要工作任务，我们团队一直在全国各个柑橘产区不间断地进行经济调研，采集了大量的数据，获取了许多有价值的信息。同时组织科研力量，通过数据分析和建立数学模型，力图建立一套柑橘市场预警系统，对中国柑橘的生产、需求、库存、进出口和市场行情进行动态监测、分析，实施先兆预警，力争为政府部门、科研人员、生产者和经营者提供有价值的决策参考。

　　本书出版得到了国家工程院项目"园艺作物产业可持续发展战略研究"的资助。在此，特别感谢国家柑橘产业技术体系首席科学家、华中农业大学校长邓秀新院士和华中农业大学副校长李崇光教授的指导、支持与帮助。感谢国家柑橘产业技术体系各位专家、各综合试验站提供的帮助。感谢华中农业大学及各职能部门长期以来对我们的关怀与帮助，感谢华中农业大学理学院、经济管理学院的各位领导的帮助。谢谢您们！

农产品市场预警是个系统工程，柑橘也不例外。随着国家形势的变化和市场信息的波动，柑橘市场预警可能需要动态调整。因此，柑橘市场预警需要逐年进行跟踪、监测、反馈、修正，其预警系统的完善是一个长期、艰苦的过程。本团队将在本成果的基础上继续完善柑橘数据、创新研究方法、提高研究手段，努力将柑橘市场预警系统构建得更稳定、更科学、更精确，为国家有关部门制定相应的产业政策提供及时有效的建议。

汪晓银　祁春节

2015 年 6 月于华中农业大学